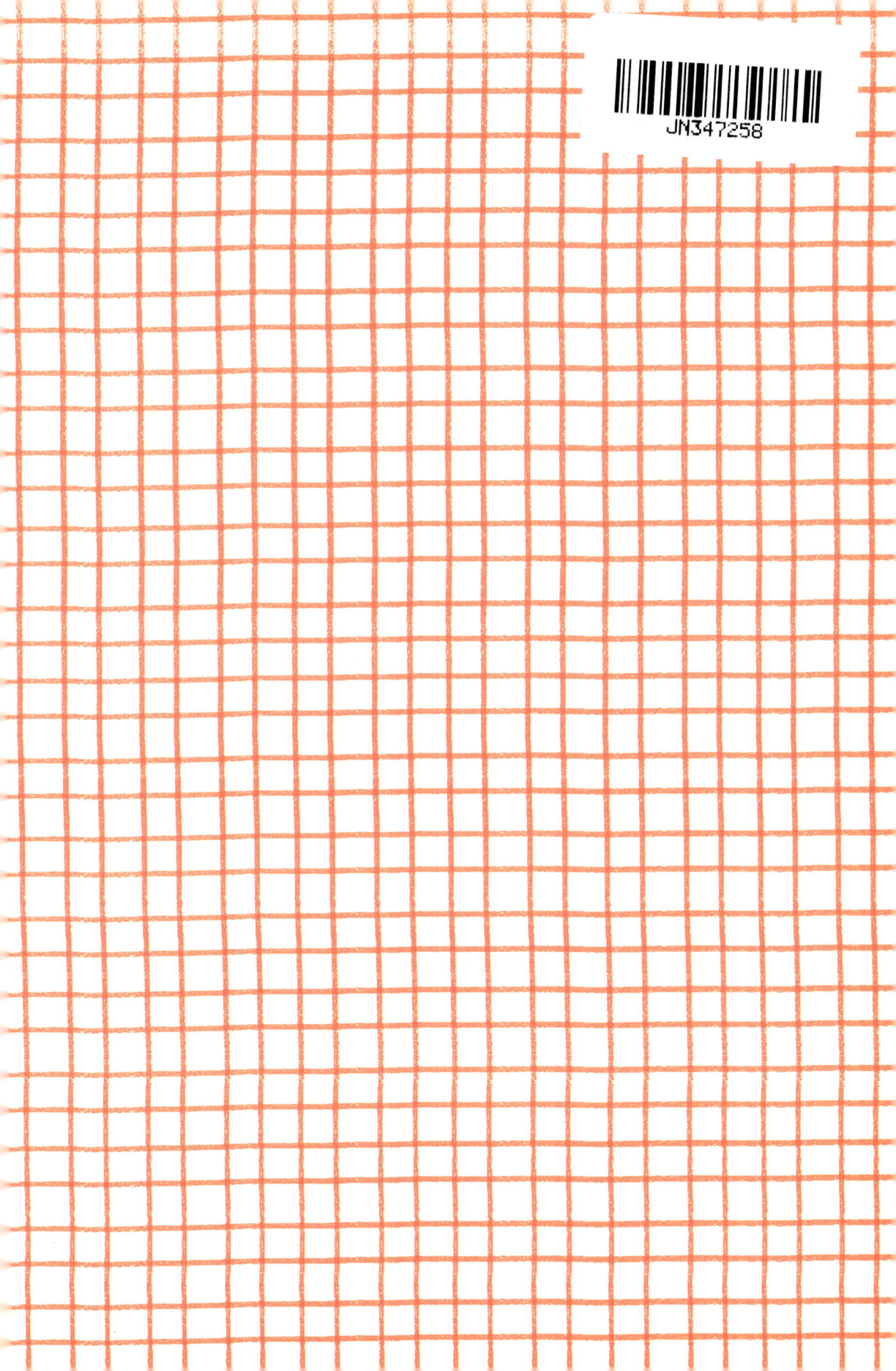

토끼 사냥에서 시작하는 넉넉한 경제교실

재미있게 제대로 23

토끼 사냥에서 시작하는 넉넉한 경제교실

자코모 바차고, 마르코 보소네토 글 · 일라리아 파치올리 그림 | 황지민 옮김

1판 1쇄 펴낸날 2015년 3월 1일 | **1판 4쇄 펴낸날** 2018년 11월 30일
펴낸이 이충호 | **펴낸곳** 길벗어린이(주) | **등록번호** 제10-1227호 | **등록일자** 1995년 11월 6일
주소 04000 서울시 마포구 월드컵북로 45 에스디타워비엔씨 2F | **대표전화** 02-6353-3700 | **팩스** 02-6353-3702
홈페이지 www.gilbutkid.co.kr | **총괄** 권혁환 | **편집1팀** 송지현 | **편집2팀** 임하나 이현성
디자인 김연수 | **마케팅** 유소희 김서연 김형주 황혜민 손성문 | **총무·제작** 손희정 최유리 임희영
ISBN 978-89-5582-321-9 73320

L'economia è una bella storia
Copyright © Giangiacomo Feltrinelli Editore, 2013
First published as L'economia è una bella storia in October 2013
by Giangiacomo Feltrinelli Editore, Milan, Italy
Illustrations copyright © Ilaria Faccioli, 2013
Korean Translation copyright © Gilbut Children Publishing Co., Ltd., 2015
All rights reserved.
This Korean edition was published by arrangement with Giangiacomo Feltrinelli Editore through Shinwon Agency.

이 책의 한국어판 저작권은 한국저작권센터를 통해 저작권자와 독점 계약한 길벗어린이(주)에 있습니다.
한국 내에서 보호를 받는 저작물이므로 무단 복제와 전재를 금합니다.

이 책의 국립중앙도서관 출판예정도서목록(CIP)은 서지정보유통지원시스템 홈페이지(http://seoji.nl.go.kr)와
국가자료공동목록시스템(http://www.nl.go.kr/kolisnet)에서 이용하실 수 있습니다. (CIP 제어번호 : CIP2015002562)

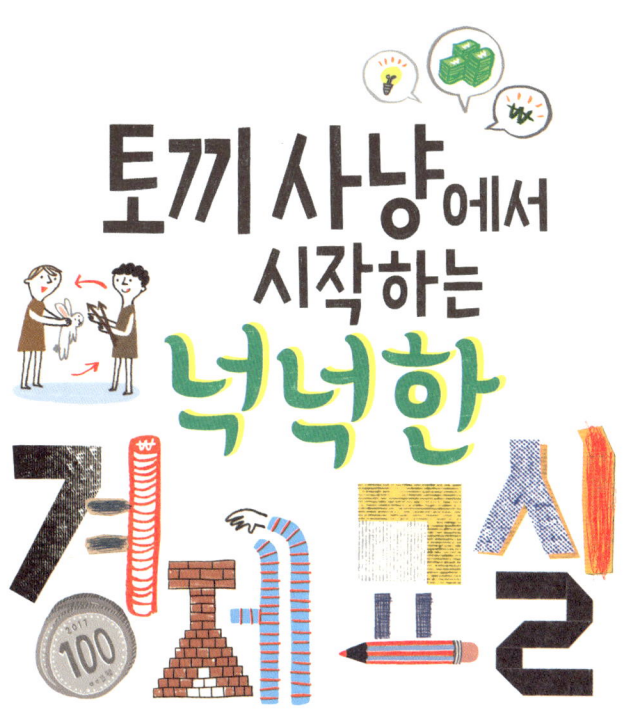

토끼 사냥에서 시작하는 넉넉한 경제 교실

자코모 바차고, 마르코 보소네토 글 | 일라리아 파치올리 그림

황지민 옮김 | 배성호(전국초등사회교과모임 공동 대표) 추천

길벗어린이

추천의 글

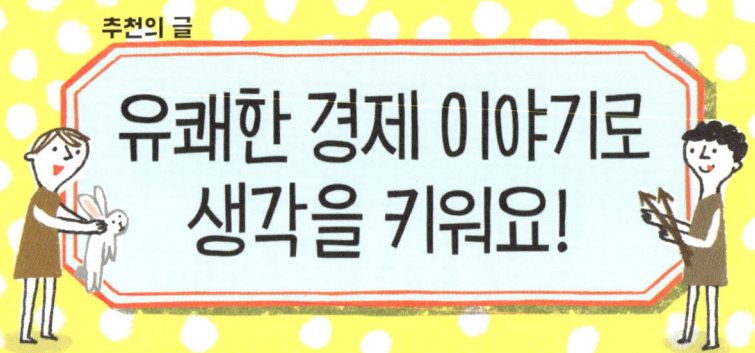
유쾌한 경제 이야기로 생각을 키워요!

'토끼 사냥에서 시작하는 경제라고?' 먼저 책 제목에 눈길이 갔습니다. 도대체 토끼 사냥과 경제가 무슨 상관이 있을까? 궁금증을 품고 책장을 넘겼습니다. 토끼 사냥 이야기에 이어 사슴 고기 이야기가 나오고 조금 더 읽으니 고래 이빨 이야기가 나왔어요. 참 신기하게도 마치 탐정이 된 거 같았어요. 탐정이 작은 실마리를 뒤쫓아 사건 전체를 파악하는 것처럼, 다채롭고 생생한 이야기를 따라가다 보니 경제가 한눈에 들어왔어요. 게다가 세계 역사와 문화도 자연스럽게 살피며 생각을 키울 수 있었어요.

여러분은 '경제' 하면 무엇이 떠오르나요? 돈이나 부자 같은 말이 먼저 떠오르지요? 하지만 이 책을 읽으면 경제에 대해 새로운 생각이 열릴 거예요. 경제가 단순히 돈을 벌거나 부자가 되는 방법 따위가 아니라 사람들이 더불어 살아가는 살림살이이자 새로운 세상을 만들어 가는 삶의 문화라는 것을 알게 되지요. 경제가 나와 내 가족의 이야기이며, 또한 우리 조상들을 포함하여 인류 전체가 걸어온 삶의 이야기라는 것도 알게 됩니다. 나와 내 가족 이야기에서 출발해 세계 여러 나라, 드넓은 세상 이야기와 만나게 되는 것도 이 책의 매력입니다.

이 책을 읽다 보면 경제가 외울 게 많은 어려운 공부가 아니라 재미있는 이야기로 다가옵니다. 아마 이 말을 믿기 어려울 거예요. 이 책에

　등장하는 '경제 할아버지'의 손주들도 할아버지가 경제 이야기를 들려주겠다고 했을 때 뜨악했지요. 그러다가 토끼 사냥으로 시작한 이야기를 들으면서 어느새 경제가 무엇인지 스스로 물어보고, 과거뿐만 아니라 현재 그리고 미래의 경제를 생각해 보고 적극 질문도 하게 되었어요. 경제 할아버지가 아이들 눈높이에 맞는 생생한 비유로 재밌으면서도 알차게 경제에 대해 새로운 눈을 열어 준 덕분이지요.

　이 책은 이탈리아 사람이 썼지만, 바로 우리 이야기처럼 생생하게 다가옵니다. 이 책에 나오는, 세계화 때문에 중국산 물건이 넘쳐 나는 상황, 부자와 가난한 사람들의 격차가 점차 커지고 있는 것 등은 지금 우리가 부닥치고 있는 현실 경제의 문제이기 때문이지요. 작가는 우리가 이런 문제를 해결하고 희망찬 미래를 맞이할 수 있다고 말합니다. 지식을 공유하고 경제적으로 곤란한 상태에 빠진 사람들을 위해 사회 안전망을 마련하는 것이 그 방법이라고 합니다. 책을 읽으면서 어린이들과 더불어 꿈과 희망을 찾을 수 있다는 것은 참 고마운 일입니다. 유쾌한 이야기로 생각을 키우고 너른 꿈을 펼칠 어린이들과 청소년, 그리고 어른들에게 이 책을 추천합니다.

전국초등사회교과모임 공동 대표 배성호

차례

추천의 글 4

01 경제 할아버지 9

02 먹고 남은 사슴 고기 21

03 그릇을 먹는 방법 29

04 고래 이빨 37

05 네로 황제의 비극 49

06 모두 바보가 되는 길 57

07 지식이 재산이야! 67

⑧ 돈을 빌려주는 은행   77

⑨ 투자와 토끼 가죽   87

⑩ 세계는 작다   99

⑪ 위기, 위기, 위기!   113

⑫ 불청객 유로화   129

⑬ 우리의 임무   139

⑭ 스파게티의 능력   147

용어 설명   154
찾아보기   158

우리의, 그리고 모두의 손주들과 조카들에게
자코모 할아버지와 마르코 삼촌이 바칩니다.

01
경제 할아버지

경제 잡지에 실을 기사를 쓰던 파올로 보칼리 할아버지는 경적 소리에 고개를 들었어요. 서재 창밖으로 내다보니 낯익은 차가 마당에 서 있었어요. 조에와 루푸스 그리고 리사가 차례로 차에서 내렸어요. 할아버지의 손주들이지요. 조에는 열네 살, 루푸스는 열 살, 리사는 일곱 살이에요. 마지막으로 할아버지의 딸인 레베카가 차에서 내렸어요.

파올로 할아버지는 손주들이 와서 무척 기뻤어요. 손주들이 집에 올 때면, 할아버지는 아이들이 마당에서 즐겁게 재잘거리는 소리를 들으며 경제 관련 인터넷 자료를 살펴보고, 아이들이 자갈밭에서 뛰노는 소리를 들으며 애덤 스미스가 쓴 유명한 경제학책 《국부론》을 한 장 한 장 넘기고, 아이들이 간식 타령하는 소리를 들으며 서재에서 인도의 뭄바이 대학교에서 열린 화상 회의에 참석하고는 했어요. 할아버지는 그렇게 하는 게 언제나 기뻤어요. 손주들과 저녁을 먹으며 안나 할머니가 만든 건강식 요리에 대해 불평을 늘어놓을 생각을 하니 벌써 즐거웠지요.

하지만 파올로 할아버지는 금세 얼굴이 어두워졌어요. 안나 할머니, 그러니까 할아버지의 부인이 집에 없다는 중요한 사실이 기억났거든요. 안나 할머니는 점심을 먹자마자 시내로 나가서 아직 돌아오지 않았어요. 안나 할머니가 몇 시쯤 돌아오겠다고 말한 것 같기는 한데……. 파올로 할아버지는 전혀 기억나지 않았어요. 아마 할머니가 말하는 동

안 귀 기울여 듣지 않았을 거예요. 할머니가 있었다면 분명히 이렇게 말했겠죠.

"너희 할아버지가 항상 그렇지 뭐."

어쨌든 안나 할머니는 늦게, 어쩌면 저녁때가 지나서야 돌아올지도 몰라요. 파올로 할아버지는 문득 조에와 루푸스와 리사가 늘 배고파한다는 사실이 떠올랐어요.

할아버지의 딸 레베카가 저녁때까지 머물렀다면 아이들 저녁밥 걱정은 하지 않아도 됐을 거예요. 그러면 할아버지도 서재로 돌아갈 수 있었을 거고요. 그런데…….

"네, 저도 알아요. 미리 말씀을 드렸어야 했어요. 그렇지만 비상이에요. 비상사태라고요." 레베카가 아이들의 가방을 꺼내며 할아버지한테 말했어요.

파올로 할아버지가 말을 꺼내려는 순간, 휴대 전화 벨 소리가 울렸어요. 레베카는 손을 이리저리 움직이며 회사 동료랑 심각한 대화를 하기 시작했어요.

파올로 할아버지는 중요한 단어 몇 개만 들었어요. "고객", "지연", "프로젝트", "높은 건물", "몇백만", "나 이미 차에 탔어." 레베카는 차마 입에 담을 수 없는 욕을 하더니 차에 올라 출발해 버렸어요. 통화를 계속하느라 할아버지한테는 차창 밖으로 손을 흔들어 겨우 인사를 했어요. 할아버지는 상황을 정리해 봤어요. 할아버지의 딸 레베카가 일하는 건축 사무소에서 진행하는 높은 건물을 짓는 프로젝트가 지연되었고, 그래서 이 일을 맡긴 돈이 많은 고객이 화가 났기 때문에 레베카와 동료들은 아침부터 밤까지 일해야 했던 거였어요. 레베카가 차마 입에 담을 수 없는 욕을 해 댄 건 아마 그것 때문이었을 거예요. 조에와 루푸스와 리사가 며칠이나 이곳에서 지내야 할지도 모른 채 할아버지 댁에 맡겨진 것도 그 때문일 거고요.

"가방에 먹을거리가 좀 있니?" 자동차 소리가 거의 들리지 않을 무렵 할아버지가 물었어요.

"걱정하지 마세요. 저는 다이어트 중이에요." 조에가 대답했어요.

"다이어트는 왜 하는 거니?"

"저는 십 대니까요, 경제 할아버지." 조에가 대답했어요. "루푸스는 짐승이니까 아무거나 줘도 다 먹을 거예요. 게다가 안나 할머니를 보면서 필요한 건 다 배워 뒀어요. 오늘 저녁에는 우리가 요리할 테니까 할아버지는 서재로 돌아가셔도 돼요."

파올로 할아버지는 조에가 자기를 '경제 할아버지'라고 부르는 게 좋아서 웃었어요. 하지만 마음 놓고 서재로 돌아가도 되는지 결정을 내리지는 못했어요.

저희끼리 음식을 만들겠다는 건, 안심해도 될 것 같았어요.

조에가 십 대라는 건, 안심되지 않았죠.

루푸스가 짐승 같다는 건, 결코 안심할 일이 아니었죠.

"우리는 이제 숙제를 할 거예요." 조에가 딱 잘라서 말했어요.

"아주 좋은 생각이구나. 그럼 할아버지도 숙제를 끝내야겠구나."

"걱정하지 마세요, 할아버지. 우리는 완전히 자동인걸요." 꼬맹이 리사가 말했어요.

"자동이 아니라 독립적이겠지." 조에가 고쳐 말했어요.

"맞아, 독립적."

"루푸스는?" 할아버지가 물었어요.

"루푸스는 우선 마당에서 실컷 놀게 할 거예요. 그런 뒤에 끈으로 묶어서는 우리와 함께 숙제하게 할 거고요. 항상 그렇게 해요."

"그렇다면 할아버지는 위층 서재에 가 있으마."

서재로 돌아온 파올로 할아버지는 십 대들의 소비가 국가 경제에 얼마나 큰 영향을 주는지 알아보려고 인터넷 검색을 했어요. 파올로 할아버지가 쓰고 있는 기사의 마지막 부분을 이 내용으로 채울 거였지요. 할아버지는 검색하면서 가끔 문밖으로 귀를 기울였어요. 고함이나 비명이 들려오지 않기를 바라면서요. 다행히 그런 소리는 들리지 않았어요. 기사를 다 쓰고 나자 허기가 밀려왔어요. 파올로 할아버지는 시계를 보고서야 얼마나 시간이 지났는지 깨달았어요. 벌써 저녁 7시였어요. 비가 꽤 세차게 내리고 있었어요.

파올로 할아버지는 아무 걱정 없이 1층으로 내려왔어요. 손주들과 맛있는 저녁밥을 만들어 먹고 난 다음에 안나 할머니를 기다리며 카드 게임을 할 작정이었어요. 그렇게 하면 저녁 시간을 정말 즐겁게 보낼 수

있을 것 같았지요.

 하지만 부엌문을 연 순간, 할아버지의 기대는 바람 앞의 등불처럼 순식간에 무너져 버렸어요.

 "내가 요리할 거야!" 조에가 승리한 운동선수처럼 주먹을 추켜올리며 말했어요. 믹서 뚜껑은 어디론가 날아가 버렸고 믹서에서는 초록빛 거품 죽 같은 게 사방팔방으로 튀었어요.

 "내가 요리할 거야!" 루푸스가 전기 오븐 앞에 서서 외쳤어요. 전기 오븐에서는 뭐가 폭발하는지 귀가 먹먹해질 만큼 큰 소리가 났어요.

 "내가 요리할 거야!" 리사가 소리쳤어요. 리사는 날카로운 칼을 공중에서 빙빙 돌리더니 채소들을 내리치려 했어요.

 파올로 할아버지는 기절해서 쓰러질 것 같아 냉장고에 기댔어요.

할아버지는 이제껏 단 한 번도 손주들에게 큰소리를 내지 않았어요. 그렇지만 모든 것에는 처음이 있는 법이지요.

"당장 멈춰!" 할아버지가 소리쳤어요.

리사는 경찰한테 들킨 도둑처럼 두 손을 하늘 높이 들었어요. 칼은 가지에 꽂힌 채로 두고서요.

조에와 루푸스도 두 손을 들고는 믹서와 전기 오븐에서 몇 발짝씩 물러나다가 서로 부딪쳤어요. 전기 오븐에서는 여전히 폭발이 일어났고 믹서에서도 초록빛 거품 죽이 사방으로 튀었어요.

"기계들을 당장 꺼!" 파올로 할아버지가 고함을 질렀어요.

바로 그때 천둥소리가 나더니 온 세상이 어두워졌어요. 믹서와 오븐도 멈추었어요. 전등도 모두 꺼져 버렸어요.

　아직 해가 지지 않았는데도 하늘을 뒤덮은 먹구름과 주룩주룩 내리는 비 때문에 깜깜한 밤이 된 것 같았어요. 화창한 봄날 저녁은 온데간데없이 사라져 버렸어요. 몇 초 뒤, 할아버지와 아이들의 눈은 어둠에 익숙해졌어요. 꼬맹이 리사는 금방이라도 울음을 터뜨릴 것 같은 얼굴이었어요. 화창한 날이면 달콤하고 여유롭게 바스락거리던 집 주변의 나무들도 폭풍 속에서 울부짖었어요. 마치 나뭇가지 사이사이에 늑대 박쥐 떼가 도사리고 있는 것 같았어요.

　"무슨 일이에요, 할아버지?" 리사가 물었어요.

　"잠시 정전이 된 것 같구나." 파올로 할아버지가 대답했어요. "걱정하지 마. 전기는 금방 다시 들어올 거야."

　할아버지는 이렇게 말하면서도 냉장고 옆에서 한 발짝도 움직이지 않았어요.

그 순간 부엌의 큰 식탁 위로 작은 불꽃이 나타났어요.

모두 깜짝 놀랐어요.

하지만 이내 루푸스가 양초를 켰다는 것을 알았어요. 루푸스는 몇 초 만에 양초를 여섯 개나 더 켜서는 부엌을 가장 잘 밝힐 수 있는 곳에 놓았어요.

희미한 양초 불빛이라도 있으니 모두 안심이 되었어요. 파올로 할아버지도 그제야 냉장고에서 떨어졌지요. "자, 힘내자. 얼른 치우고 제대로 된 저녁 식사를 만들어 보자꾸나."

삼십 분 뒤, 바깥에서는 여전히 천둥과 번개가 치고 늑대박쥐들의 울음소리 같은 음산한 소리가 들려왔지만 부엌은 다시 아늑하고 깨끗하게 되었어요. 할아버지와 세 아이는 큰 식탁에 앉아 파올로 보칼리의 특별 요리를 맛보았어요. 특별 요리란 바로 '내 맘대로 샌드위치'였어요. 특별 요리이긴 해도 만드는 건 너무나 간단했어요. 빵을 반으로 썰고 냉장고를 열어서 먹을 수 있는 건 무엇이든 꺼내서 빵 사이에 넣는 거였어요.

"내 맘대로 샌드위치에서 가장 재미있는 건 똑같은 샌드위치가 하나도 없다는 거란다." 채소가 잔뜩 들어간 리사 표 내 맘대로 샌드위치를 베어 물며 할아버지가 말했어요. 리사가 마구 썰어 놓은 채소 가운데 그나마 먹을 만한 것들을 골라서 만든 거였는데도 할아버지는 맛있게 먹었어요. 이렇게 말하면서요. "훌륭해. 훌륭해."

아이들은 치즈나 햄을 넣은 좀 더 먹을 만한 내 맘대로 샌드위치를 먹었어요. 루푸스는 자기 샌드위치에서 이상한 연기와 지글지글 소리가 나는데도 무척 만족한 표정이었어요.

저녁 식사가 끝날 무렵, 파올로 할아버지는 포도주를 마시며 마음을 다잡고는 아이들에게 식탁을 치우라고 일렀어요. 그동안 자기가 벽난로를 피우겠다고 말했지만, 혼자가 되자마자 할아버지는 할머니와 자녀들에게 전화를 걸었어요. 하지만 유선 전화기는 통화음조차 울리지 않았고 휴대 전화는 아무 신호도 잡지 못했어요. 라디오도 텔레비전도 인터넷도 작동되지 않아서 바깥세상에서 무슨 일이 일어나는지 알 길이 없었어요.

파올로 할아버지는 불안했어요. 할아버지는 그런 마음을 아이들한테 들키고 싶지 않았어요. 특히 꼬맹이 리사가 몰랐으면 했지요. 할아버지는 아무 일도 없는 것처럼 벽난로에 불을 피웠어요. 그러고는 불꽃이 적당히 일자 아이들을 불렀어요.

"할아버지, 전기는 언제쯤 다시 들어와요?" 리사가 물었어요.

"금방 들어올 거야, 금방."

"엄마는요?"

"엄마도 금방 돌아올 거야."

"엄마한테 전화하고 싶어요."

"할아버지가 이미 해 봤단다. 그런데 전화선에 과부하가 걸려서 그런지 전화가 안 되더구나. 이렇게 천둥이 치는 날씨에는 왜 모두 서로한테 전화하고 난리인지 모르겠다. 결국에는 아무도 통화를 못 하게 될 걸 알면서 말이야."

"이야기 하나만 들려주시면 안 돼요?" 리사가 물었어요.

"이야기라. 어디 보자……."

"안나 할머니는 재미있는 이야기들을 많이 들려주세요."

"리사, 나도 알고 있단다. 어떤 이야기를 듣고 싶니?"

"공주님 이야기요." 리사가 대답했어요.

"뱀파이어 이야기요." 루푸스가 말했어요.

"사랑 이야기요." 조에가 마지막으로 말했어요.

"경제 이야기를 들려주면 어떻겠니?" 경제 할아버지가 말했어요.

"정제가 뭐에요?" 리사가 물었어요.

"정제가 아니라 경제란다. 그럼 이야기를 시작해 볼까. 이해가 안 되는 게 있으면 아무 때나 물어봐도 좋아."

02
먹고 남은 사슴 고기

"우선 에코노미아(이탈리아 말로 '경제'라는 뜻.)라는 낱말에서 출발해 보자. 이 낱말은 그리스어에서 왔단다." 경제 할아버지가 이야기를 시작했어요. "정확히는 두 낱말에서 왔지. 집이라는 뜻의 '오이코스'와 법이라는 뜻의 '노모스'. 그러니까 경제란 살림살이의 규칙, 즉 집에서 살아가는 데 필요한 것들을 더 효율적으로 사용하기 위한 규칙이라고 할 수 있지."

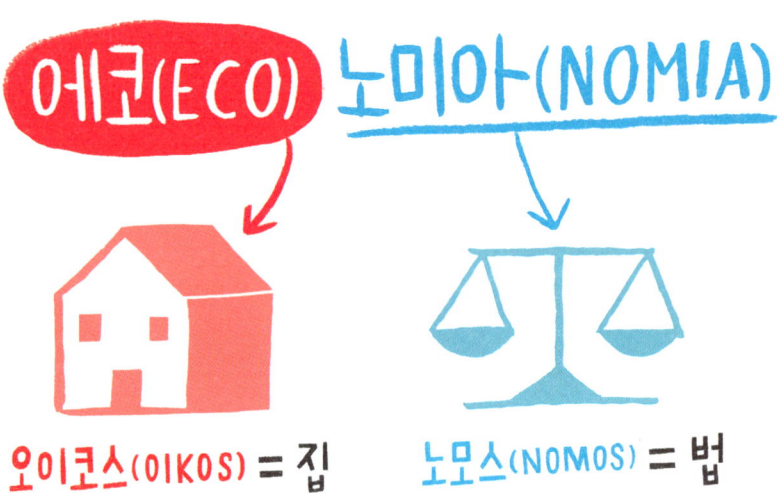

"우리끼리 번갈아 가면서 텔레비전 보기 같은 거 말이죠? 언니는 만날 재미도 없는 것들만 봐요. 그래서 내가 원하는 걸 볼 수 없어요." 꼬맹이 리사가 끼어들었어요.

"할아버지가 다른 예를 들어 볼까? 텔레비전은 살아가는 데 꼭 필요한 건 아니잖아." 경제 할아버지가 대답했어요.

동그란 눈 여섯 개가 황당한 표정으로 할아버지를 쳐다봤어요.

"알겠다, 얘들아. 그럼 텔레비전 얘기부터 해 보자. 요즘 가정의 경제 이야기를 하려면 텔레비전도 끼워 주는 게 맞겠구나. 텔레비전 한 대가 얼마인지, 자녀들이 싸우지 않도록 두 대를 사려면 얼마나 내야 하는지, 케이블 방송 시청료는 얼마나 하는지, 텔레비전 광고에 나오는 물건이 더 잘 팔리는지 아닌지, 이런 것들이 모두 경제 이야기에 포함되긴 하지. 그런데 말이다, 우리 아주 먼 옛날로 가 보는 건 어떻겠니? 1만 5000년 전쯤, 텔레비전도 전기도 전화기도 없던 시절로……."

"그렇게 어려운 일도 아닌걸요. 지금 우리가 텔레비전도 전기도 전화기도 없잖아요." 조에가 말했어요.

"그래, 맞다. 하지만 오늘 하루뿐이잖니. 내가 말하려는 건 그런 게 발명되지 않았던 아주 먼 옛날이야. 다른 중요한 것들도 발명되지 않았을 때지. 예를 들어, 바퀴나 쟁기나 유리 같은 것들 말이란다. 아주 먼 옛날에는 사람들이 굶어 죽지 않을 정도의 식량만 겨우 구할 수 있었고, 단순한 집을 짓고 아주 간단한 도구만 만들어 썼어. 옷은 멋하고 상관없이 단지 추위를 피하기 위한 거였지. 그게 다였어."

"상상하기도 싫어요." 리사가 말했어요.

"글쎄다. 그때 사람들은 더 쉽고 편한 삶과 자신들의 삶을 비교할 수 없었어. 어쩌면 우리 선조들은 무척 행복했을지도 몰라. 예를 들어, 일을 아주 적게 했을 거야. 일을 더 많이 하면 더 나은 삶을 살 수 있다는 걸 상상하지 못했을 테니까. 우리 선조들은 전통을 따라 살았어. 그들의 부모의 부모의 부모가 했던 걸 그대로 따라 했지. 그때 사람들이 일과 여가를 구분하지는 않았겠지만 한가한 시간이 아주 많았어. 그들한테는 일이라는 게 가족들과 이야기꽃도 피우고, 노래도 부르고, 싸우기도 하고, 옛날부터 전하는 사냥과 수확에 관한 이야기를 하며 먹을거리를 찾아 풀밭과 숲을 돌아다니는 거였으니까. 경제학에서는 이런 상태를 정상 상태라고 한단다. 한 세대에서 다음 세대로 넘어가도 변화가 없다는 뜻이지. 반면, 할아버지가 태어났을 때와 현재 사이에는 엄청나게 많은 변화가 일어났단다. 내가 어렸을 때는 텔레비전도 없었어. 정상 상태에서 이루어지는 경제 활동을 생업 경제라고 하지. 생업 경제에서는 사람들이 일을 해서 생존에 필요한 것만 얻을 수 있었어. 다른 말로 하면, 생산한 것을 모두 소비하는 거지. 저축이나 교환은 이루어지지 않았어. 만약 어느 날 사냥이 잘 되어서 평소보다 더 많은 동물을 잡거나 더 많은 열매를 찾게 되면 큰 잔치를 열어서 다 먹어 치웠어. 그리고 다음날이 되면 처음부터 새로 시작했지."

정상 상태

　루푸스가 다섯 개째 내 맘대로 샌드위치를 씹으며 이상한 소리를 냈어요. 그러더니 샌드위치에서 삐져나온 고기를 부지깽이에 끼워서 벽난로에 구웠어요.

　"루푸스는 정상 상태에서 사는 것을 무척 좋아했을 거예요." 조에가 말했어요. "적어도 이런 잔치가 있을 때는 말이죠."

　"안타깝게도 그런 잔치가 자주 열리지는 않았단다." 경제 할아버지가 대답했어요. "그런데 어느 날, 누군가 굉장히 기발한 생각을 했어. 바로 남는 음식을 저장하는 것이었지. 고기는 말리면 썩지 않아서 몇

달 뒤에도 먹을 수 있었지. 열매와 씨앗은 말리거나 갈아서 보관했어. 작은 무리를 이루어 살던 몇몇 가족이 미래를 더 잘 준비하게 된 거지. 이 사람들은 사냥감들이 먼 곳으로 이동하거나 가뭄이 들어 식량이 부족하더라도 걱정할 게 없었어. 저장해 둔 식량이 있으니 시간을 들여 문제를 해결할 방법을 찾아내면 되었으니까.

저장의 중요성을 깨달은 우리 선조들은 더 많이 저장할 방법을 찾으려 했단다. 사람들은 가축을 기르고 씨앗을 심기 시작했지. 그 뒤로는 거둘 수 있는 식량의 양을 예측할 수 있었고 식량을 안정적으로 얻을 수 있었어. 한 지역에서 사냥하거나 수확할 것이 떨어질 때마다 다른 지역으로 이동할 필요가 없어진 거지. 한곳에 정착할 수 있게 된 거란다. 그러다 보니 집을 더 튼튼하게 지었고, 해마다 집을 고쳐서 더 편안하고 안전한 곳으로 만들었지. 도구를 만드는 데에도 더 많은 시간을 써서 점점 더 좋게 만들었어. 화살을 더 멀리 보내는 활, 발을 보호하는 신발, 땅을 더 깊이 팔 수 있는 괭이 같은 크고 작은 도구들 덕분에 삶의 질은 더 좋아졌지. 오늘날과 비교하면 변화의 속도는 아주 느렸어. 하지만 저장이라는 사소하지만 천재적인 아이디어 덕분에 차근차근 변화가 일어났단다."

"저장을 발명한 사람의 이름이 뭐예요?" 리사가 물었어요.

"그건 알 수 없단다. 아마도 한 사람은 아닐 거야. 수많은 장소에서 수많은 사람이 따로따로 그런 생각을 했을 거야. 세계 곳곳에 흩어져서 부족을 이루어 살던 사람들 말이다." 경제 할아버지가 대답했어요.

"에이! 난 그 사람 이름을 알고 싶다고요!" 리사가 고집을 부렸어요.

"알 수 없다고 했잖아! 할아버지 말씀을 듣기나 하는 거니?" 루푸스가 쏘아붙였어요.

　리사의 아래턱이 조금씩 떨리기 시작하더니 두 눈에 그렁그렁 눈물이 고였어요.
　"확실히 알 수는 없지." 경제 할아버지가 말했어요. "하지만 내 생각에는 저장 아이디어를 처음으로 낸 사람이 특별히 똑똑하고 마음이 고운 일곱 살짜리 여자아이였을 것 같구나. 그 아이는 사슴 고기를 다 먹지 않고 남겨서 혼이 나곤 했어. '사랑하는 리사, 내일은 먹을 게 아무것도 없을 수도 있단다.' 엄마가 리사에게 이렇게 말하고는 했지."
　"이름이 리사였어요?" 꼬맹이 리사가 눈을 반짝거리며 물었어요.
　"맞아. 리사였어. 엄마는 내일 먹을 것이 없더라도 불평하면 안 된다고 리사한테 다짐을 받았지. 그러자마자 리사의 오빠인 루푸스가 두 입

만에 리사가 남긴 사슴 고기를 먹어 치웠단다."

"탐욕스러운 돼지 같으니." 조에가 팔꿈치로 루푸스를 툭 치며 낄낄거렸어요.

"에이! 지금 내 얘기하는 중이잖아." 리사가 항의했어요.

"그렇지." 경제 할아버지가 동의했어요. "리사가 하루는 자기가 남긴 사슴 고기를 매번 오빠가 먹는 게 옳지 않다고 생각했단다. 그래서 혼자서 평화롭게 저녁을 먹고 싶다고 말하고는 사슴 고기 반쪽을 바위 뒤로 가져갔지. 리사는 고기를 몇 조각으로 잘라 모닥불 가까이 두었다가 연기가 날 때쯤 꺼냈어. 연기를 쐰 고기는 며칠이 지나도 상하지 않아 맛있게 먹을 수 있었지. 이렇게 해서 리사가 저장을 발명한 거야."

03
그릇을 먹는 방법

"저장 방법 가운데 가장 중요한 것은 농사를 짓게 된 거야." 경제 할아버지가 계속 말했어요. "어떤 사람이 씨앗을 따로 갈무리해 두었다가 이듬해에 심으면 나중에 더 많은 씨앗을 수확할 수 있다는 걸 알게 되었지. 농업 덕분에 우리 조상들은 떠돌아다니는 유목민에서 한곳에 머물러 사는 정착민으로 변화했단다. 그렇게 해서 정착촌이 나타나게 되었고 이후에는 도시도 생겼어. 물론 더 많이 저장할 수도 있었지. 지난해에 저장해 둔 식량 덕분에 시간을 들여 더 나은 농기구나 사냥 도구를 만들 수 있었어. 다음 해에는 그렇게 만든 도구들로 더 많이 생산하고 저장도 더 많이 할 수 있었지. 물론 그다음 해에도 또 더 많이 생산하고 저장을 했지. 그렇게 해서 모든 것이 점점 더 좋아지는 훌륭한 순환 구조가 생겨났단다. 하지만 모두가 그런 것은 아니었어. 저장할 만큼 많이 생산하지 못한 사람도 있었고, 어떤 사람들은 할 수 있는데도 저장하지 않았지. 그래서 처음에는 부자와 가난한 사람들 사이에 격차가 작았지만 점점 더 벌어졌단다."

"음, 그거야 저장하기만 하면 해결되는 거 아닌가요. 저장하지 않는 사람이 가난해지는 건 당연해요. 자기가 선택한 것이니 알아서 해야죠." 조에가 말했어요.

"개미와 베짱이도 그랬어요." 리사가 거들었어요.

"똑똑하구나!" 파올로 할아버지가 칭찬했어요. "그래, 개미와 베짱이

농사

이야기랑 아주 비슷해. 하지만 현실은 이야기보다 복잡하단다."

"나는 그 구두쇠 개미가 싫어." 루푸스가 말했어요. "내가 만약 이야기 속으로 들어갈 수 있다면 그 개미를 잘근잘근 씹어 먹을 거야. 먼저 다리부터 먹고 더듬이를……."

"징그러워, 루푸스!" 조에가 소리쳤어요.

"현실이 이야기처럼 간단하지 않다는 말을 하고 있었지." 할아버지가 말했어요. "베짱이는 여름 내내 일과 저장은 하지 않고 노래만 불렀으니 겨울에 굶어 죽고, 개미는 힘들게 일했으니 노동의 열매를 즐기는 것이 공평하겠구나. 그럼, 베짱이의 자식들과 개미의 자식들은? 그리고 그들의 손자와 증손자들은? 개미의 아들은 태어나자마자 부자가 될 거야. 아버지가 자기 재산을 조금 떼어 내서는 그걸 불려서 아들한테 물려줄 테니까. 아들은 자기 아들한테도 그렇게 하겠지. 그렇지만 베짱이의 아들은 살아남기만 해도 다행이지. 아무리 아껴 쓰고 열심히 일해도 결국에는 개미 아들보다 훨씬 더 가난한 상태로 남기 쉽지. 어때, 이래도 공평한 것 같니?"

"개미를 잘근잘근 씹어 먹을 거예요. 먼저 다리, 다음에는 더듬이, 그리고 마지막에는 머리를……." 루푸스가 또 말했어요.

"루푸스!" 조에가 소리쳤어요. "공평하지 않은 것 같아요. 그런데요, 엄마 아빠가 열심히 일해도 그 덕분으로 우리가 잘살 수 없다면, 엄마 아빠는 그렇게 바쁘게 일하지는 않을 거예요. 안 그래요?"

"그 점도 생각해 봐야 하겠구나. 조에, 좋은 지적이야." 경제 할아버지가 대답했어요.

"그렇지만 엄마 아빠를 더 자주 볼 수 있잖아?" 리사가 말했어요.

"그래. 하지만 발리에서 휴가를 보내지는 못하겠지." 조에가 말했어요.

"얘들아, 너희 둘 다 맞을 수도 있단다. 하지만 먼저 할아버지가 이 이야기를 마저 하게 해 주겠니?"

"알겠어요."

"네."

"저장을 한 뒤로 우리 조상들의 삶에 많은 변화가 생겼단다. 예를 들어, 우리가 방금 얘기한 것처럼, 부자와 가난한 사람들 사이의 격차가 점점 커졌지. 그리고 또 다른 변화도 생겼는데, 이 변화가 또 다른 변화들을 일으키게 되지. 그건 바로 전문화라는 거야. 다양한 직업이 탄생하게 된 거지. 저장 기술과 도구가 좋아진 데다가 한곳에 머물러 살게 되면서 사람들은 점차 더 큰 밭을 일구었단다. 그 덕분에 일찍 죽는 사람들은 줄어들고 인구는 서서히 늘어났지. 이제는 모든 사람이 제각기 농사짓고, 사냥하고, 낚시하고, 집을 짓고, 도구를 만들 필요가 없어졌어. 몇 사람만 농사짓고 사냥해도 모두가 먹을 식량을 생산할 수 있으니까 다른 사람들은 다른 일을 할 수 있게 되었단다. 농부는 농사만 짓고, 옹기장이는 그릇만 만들고, 집을 짓는 사람은 집만 지으면 되었어. 그러다 보니 모두 자기가 하는 일 한 가지는 점점 더 잘하게 되었지. 사람들의 삶은 한층 더 좋아졌어. 왜냐하면 전문화가 생산성을 높여 주었거든. 농사도 짓고, 그릇도 만들고, 집도 짓고, 모든 것을 혼자서 다 하는 사람이 만든 그릇이 옹기장이가 만든 그릇보다 좋을 수는 없어. 옹기장이는 그릇 만드는 일 한 가지만 꾸준히 하니까 당연히 그래야지. 경제학자는 이런 걸 생산성이 더 높다고 한단다."

"그렇지만 그릇을 먹을 수는 없잖아요. 집도 그렇고요." 리사가 말했어요.

"우리 리사가 정말 똑똑한걸! 사실 아직 이야기하지 않은 아주 중요한 한 가지가 있단다. 저장과 전문화와 함께 경제의 기둥을 이루는 거야. 그릇을 먹게 해 주는 거지. 아니다, 먹지 못하는 그릇을 만드는 옹기장이를 먹인다고 하는 게 정확하겠다. 그건 바로 교…… 교……." 경제 할아버지는 누군가 자신이 말하려는 단어를 마저 이야기해 주기를 기다렸어요.

"교통!" 리사가 소리쳤어요.

루푸스가 괴물처럼 웃다가 입에 든 샌드위치 조각들을 카펫 위에 쏟아 냈어요.

　"교환이겠지." 조에가 말했어요.

　"정확해." 경제 할아버지가 말했어요. "그릇을 먹게 해 주는 것, 전문화와 저장의 장점을 몇 배나 키워 주는 것이 바로 교환이란다."

04
고래 이빨

"나랑 조에 언니랑 항상 옷을 바꿔 입어요. 이제 키가 거의 비슷하거든요." 리사가 말했어요. "진짜예요."

"사실은 네가 내 옷을 훔쳐 입는 거잖아. 바꿔 입는 거랑은 달라." 조에가 말했어요.

"그렇지만 나는 언니가 원할 때마다 내 옷을 입게 해 주잖아."

조에는 한 대 쥐어박고 싶은 표정으로 어린 동생을 노려봤어요.

"경제에서 말하는 교환이 이루어지려면 둘 사이에 합의가 있어야 해." 경제 할아버지가 말했어요.

"합……. 뭐라고요?" 리사가 물었어요.

"할아버지가 가끔 너무 어려운 말을 쓰게 되어 미안하구나. 내가 말하려는 건 무언가를 서로 교환하려는 두 사람의 의견이 같아야 한다는 거야. 순서대로 설명해 보마. 처음에는 물물 교환의 형태로 교환이 이루어졌어. 물건과 물건을 직접 바꾸는 거야. 예를 들어, 닭과 의자, 감자와 괭이, 못과 신발을 서로 바꾸는 거지. 토끼 사냥꾼이자 가죽을 잘 벗기는 루푸스가 옆집에 사는 누나 조에한테 달려갔어. 조에는 화살과 덫을 잘 만들었지. 루푸스는 조에에게 토끼와 토끼 가죽을 주고 화살과 덫을 받았어. 이 교환은 두 사람한테 모두 이득이었어. 조에가 만든 화살과 덫은 전문가의 솜씨로 만든 것이니까 루푸스가 만든 것보다 당연히 훨씬 더 좋을 수밖에 없었지. 루푸스는 사냥이 전문이니까 조에보다

화살로 토끼도 잘 잡았고 덫을 설치할 곳도 잘 알았지. 전문화와 교환 덕분에 조에와 루푸스가 살던 마을 사람들은 더 많은 토끼를 잡게 된 거지. 또 조에와 루푸스는 정직한 사람들이라서 토끼 한 마리를 화살 몇 개로 바꿀 건지, 덫 하나를 토끼 몇 마리로 바꿀 건지 합의를 잘했단다. 아마도 두 사람은 화살 한 개를 만드는 데 걸린 시간과 토끼 한 마리를 잡는 데 걸린 시간을 비교해서 화살과 토끼의 교환 비율을 정했을 거야. 그러면 둘 다 만족했을 테니까. 하지만 이런 방식은 한계가 있었어. 루푸스는 화살이 필요 없는데 조에는 토끼 고기를 먹고 싶을 수도 있잖니. 루푸스는 누나를 믿으니까 다음에 필요할 때 화살을 받기로

하고 토끼 고기를 줬을 거야. 하지만 모든 교환이 형제들 사이에서 이루어지는 건 아니지. 어떤 때에는 교환을 요구하는 사람을 믿을 수 없어서 그냥 거절하기도 했을 거야. 그러면 누군가는 먹을거리가 부족하고 또 누군가는 사냥 도구가 부족하게 되지. 한 마을에서 구할 수 없는 물건끼리 물물 교환을 할 때에는 어려움이 더 컸을 거야. 어느 날 루푸스의 아내가 병이 들었어."

"루푸스의 아내라고요? 누가 이런 애랑 결혼해요? 그 여자 미친 거 아니에요?" 조에가 불쑥 끼어들었어요.

"눈도 멀었을 거야!" 리사도 거들었어요.

루푸스는 신경 쓰지 않았어요.

"그래, 좋다. 미치고 눈이 먼 루푸스의 아내가 병이 들었어. 마을에는 약초와 주문으로 병을 치료하는 노파가 있었는데, 자기로서는 루푸스의 불쌍한 아내를 위해서 할 수 있는 게 더는 없다고 했어. 그러면서 걸어서 사흘쯤 걸리는 호수 위 마을에 병을 치료하는 신비한 뿌리가 있다는 이야기를 들었다고 했지. 그곳에 가서 신비한 뿌리를 구해 오는 게 유일한 희망이었어. 호수 위 마을 사람들이 분명 신비한 뿌리를 내주는 대가로 무언가를 요구할 텐데 루푸스한테는 토끼 고기와 토끼 가죽밖에 없었지. 하지만 호수 위 마을까지 가는 사흘 동안 토끼 고기는 상해 버릴 테고, 게다가 그곳에도 토끼 사냥꾼이 있을 테니 호수 위 마을 사람들한테 루푸스의 토끼 가죽이 필요 없을 수도 있지. 그렇다면 루푸스는 무엇을 가지고 가야 할까? 루푸스의 마을에서 구할 수 있는 것으로, 호수 위 마을 사람들도 좋아할 만한 값진 물건은 무엇일까? 이제 루푸스는 물물 교환을 해 본 사람이라면 누구나 했을 법한 고민을 하게 될 거야. 물물 교환은 매우 편리하기는 하지만 아주 제한적으로 이루어질 수밖에 없다는 사실을 알게 된 거지. 따라서 누군가가 토끼를 잡았다면, 바로 그때 배가 고파서 토끼 고기를 받고 그 대가로 무언가를 내줄 사람 말고, 모든 사람과 교환할 방법을 찾아내야 했어. 시간이 지나도 부패하거나 가치가 떨어지지 않고, 편하게 가지고 다닐 수 있고, 여러 번 교환할 수 있는 물건이 있다면 이 문제를 해결할 수 있어. 이런 물건을 교환 수단이라고 하지. 사람들은 자신의 토끼 고기나 밀이나 그릇을 먼저 교환 수단과 바꾼 다음에, 어디에서나 자신이 받은 교환 수단을 주고 필요한 것과 바꿀 수 있지. 중국에서는 몇 세기 동안 개오지라는 특별한 조개껍데기를 교환 수단으로 사용했단다.

금이나 은, 구리, 철 같은 금속도 천 년 이상 교환 수단으로 쓰였어. 벽돌 모양으로 압축한 찻잎이나 옷감, 카카오 씨앗, 고래 이빨도 이런 역할을 했지."

"고래 이빨이라고요?"

"그래, 고래 이빨! 오세아니아의 피지에서는 고래 이빨로 물건을 살 수 있었단다. 물건 자체의 쓰임새보다는 교환에 편리한가 아닌가를 따져서 어떤 물건을 교환 수단으로 쓰게 된 건 엄청나게 중요한 사건이었어. 아이디어 자체로도 그렇지. 교환 수단을 쓰면서부터 다른 물건들의 가치를 서로 비교할 수 있게 되었어. 토끼 한 마리를 화살 몇 개와 바꿀지 결정하려고 토끼 한 마리를 잡거나 화살 한 개를 만드는 데 드는 시간을 복잡하게 계산할 필요가 없어졌어. 교환 수단으로 둘의 가치를 비교할 수 있게 되었거든. 이런 식이었지. 토끼 1마리 = 조개껍데기 7개. 화살 1개 = 조개껍데기 1개. 이제부터는 먼 마을로 교환하러 갈 때에도 팔 때에는 얼마를 요구하고 살 때에는 얼마를 줄지 예상할 수 있게 되었어. 그렇다면, 그림을 새긴 둥근 금속, 즉 지금도 우리가 사용하는 동전의 발명으로 더 좋아진 게 있을까?"

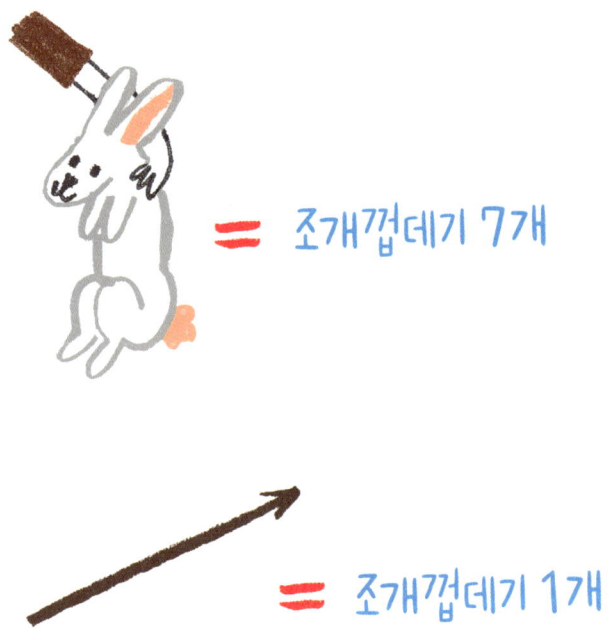

"동전 앞뒤 맞히기 놀이를 할 수 있어요." 조에가 대답했어요. "농담이에요."

경제 할아버지는 인내심이 바닥났어요. 학생들이 아무 때나 끼어들어서 쓸데없는 말을 늘어놓는 바람에 폭발하기 직전인 교수님 같은 얼굴이 되었어요. "권위 있는 사람의 보증이야." 파올로 할아버지가 겨우 말을 이었어요. "잘 들어 보렴. 교환 시스템이 무척 효율적이라는 사실은 금방 드러났고, 멀리서 오는 물건들까지 사고팔 수 있는 특별한 장소, 즉 시장도 생겨났지. 시장에서 교환이 공개적으로, 즉 여러 사람 앞에서 이루어진다는 사실이 사람들을 더 정직하게 만들었어. 왜냐하면 사람들을 속였다가는 바로 비판을 받고 믿지 못할 사람이라는 소문이 퍼졌기 때문이지. 그래도 속이는 사람들은 꼭 있기 마련이었고 그로 인해 불신이 퍼지기도 했지. 예를 들어, 교환 수단으로 사용하는 금속 조각들은 무게를 달아서 가치를 매길 수는 있었어. 그런데 금속의 순도는 어떻게 보증할 수 있었을까? 교환 수단이 신뢰할 만한 것이 되려면 도시나 왕국의 권력을 가진 지도자가 보증을 해야 한다는 아이디어가 나왔단다. 그렇게 하면 그 교환 수단은 확실히 보증된 가치를 가지게 되지. 처음에는 금속 조각에 특정한 모양을 새겨 넣는 방식을 쓰다가 나중에는 진짜 동전을 만들었지. 지금까지 남아 있는 가장 오래된 동전은 기원전 6세기에 현재 터키 지역에 있던 리디아 왕국의 크로이소스 왕이 만든 것이라고 알려졌어. 크로이소스 왕은 이미 있던 방식을 좀 더 정교하게 다듬었을 거야. 이 아이디어가 아주 훌륭한 것으로 판명이 나자 부자들은 동전을 모으기 시작했단다. 동전을 만드는 재료인 금속보다 그것으로 만든 동전을 더 좋아했던 거지. 어쨌든 동전 사용은 지중해 부근의 모든 국가로 빠르게 퍼져 나갔단다."

"동전 만세!" 리사가 소리쳤어요.
"지금까지 내가 이야기한 기본 단계들을 짧게 정리해 보는 게 좋겠다. 그러면 잘 기억할 수 있을 거야. 조에, 네가 해 보겠니?" 경제 할아버지가 제안했어요.

"글쎄요……. 음……. 그러니까……. 사실은……."

"리사가 해 볼래?"

"루푸스의 아내가 아파서 루푸스는 돈을 가지고 약을 사러 갔어요. 왜냐하면 루푸스한테는 특별한 토끼들이 아주 많이 있었거든요. 그래서 모두 행복하게 살았어요."

리사가 활짝 웃는 바람에 경제 할아버지도 차마 뭐라고 하지 못했어요.

다행히 루푸스가 훌륭하게 정리해서 말했어요. 토끼 사냥꾼 말고 진짜 루푸스가요.

"인류는 살아남는 데 필요한 만큼만 생산하고, 아무것도 변하지 않는 정상 상태에서 살다가 저장과 전문화, 그리고 교환 덕분에 정상 상태에서 벗어났어요. 그리고 동전을 사용하기 시작하면서 교환이 훨씬 편리해졌어요."

"장하다, 루푸스! 정리를 아주 잘했어." 경제 할아버지가 말했어요. "할아버지가 몇 마디 덧붙여 보마. 이런 혁신이 많은 문제를 해결했지만 동시에 새로운 문제도 만들어 냈단다. 한 가지 예를 들면 부자와 가난한 사람들 사이에 격차가 생긴 거지. 또 다른 문제로 상호 의존성이 있어. 전문화와 교환으로 인해 더는 혼자서 모든 것을 할 수 없는 상태가 된 거지. 그 결과로 자신들이 일으키지 않은 일 때문에 고통을 받기도 했단다. 자신들이 어떻게 해 볼 수 없는 아주 먼 곳에서 일어난 일 때문에도 그랬지. 예를 들어 보마. 어느 날 조에가 화살 만드는 일을 그만두고 농사를 짓기 시작했어. 루푸스는 다른 마을에 사는 화살 생산자한테서 화살을 사기 시작했어. 조에만큼 실력이 좋은 사람이었지. 루푸스는 그 지역 공식 교환 수단인, 왕의 얼굴이 찍힌 구리 동전으로 화살

을 샀단다. 보통 이런 방식은 완벽하게 작동했지만 섬세한 관리가 필요했어. 예를 들어, 루푸스의 마을과 화살 생산자 사이의 거리도 무척 중요했어. 만약 이웃 마을의 화살 생산자가 병이 나면 루푸스는 옆집에 사는 조에한테서 화살을 살 때보다 그 사실을 더 늦게 알게 될 거야. 루푸스가 필요할 때 화살을 구하지 못할 위험성이 더 커진 거지. 그래서 루푸스는 한 번에 사는 화살의 수를 늘렸어. 이건 루푸스가 한 번에 써야 하는 구리 동전의 수도 늘어났다는 뜻이지. 그건 다른 데 쓸 동전이 줄어드는 위험을 감수하는 일이었지. 내 말을 이해하겠니? 삶은 한편으로는 편리해졌지만, 또 한편으로는 더 복잡해진 거지. 더 많은 조직이 필요해진 거란다. 지금까지 우리가 이야기한 것들은 1만 년 전에서 2000년 전까지 아주 긴 기간에 일어난 일이야. 처음에는 모든 것을 가족 안에서 해결했지만 점차 정부, 법, 도시, 법원을 갖춘 진짜 국가들이 나타났단다.

　"동전이 이런 변화를 잘 보여 주지. 동전은 누구하고나 교환할 수 있고, 그 가치가 숫자로 확실하게 새겨져 있어서 매번 협상할 필요도 없으니까 교환 수단으로 쓰기에는 정말 편리했지. 하지만 모두가 인정하는 권위를 지닌 사람이 있어야 동전을 쓸 수 있단다. 동전에 자신의 얼굴을 새기는 왕 같은 사람이 있어야 했지. 그렇다면 이런 사람을 어떻게 선택했을까? 대개는 아무도 선택하지 않았어. 그냥 이미 존재하는 왕 같은 권력자한테 복종해야 했으니까. 권력자는 모든 이들에게 도움이 되는 공정한 법을 만들어 지키게 할 수도 있지만, 그저 자신의 힘을 과시하려고 권력을 마구 휘두를 수도 있지. 어쨌든 확실히 말할 수 있는 건 시스템이 복잡할수록 규칙이 중요하다는 거야. 그 이야기는 나중에 하자."

05
네로 황제의 비극

 파올로 할아버지는 소파에서 일어나 장작을 더 넣으려고 벽난로로 다가갔어요. 루푸스가 솜씨 좋게 부지깽이를 움직여 할아버지가 장작을 불길이 센 곳에 놓도록 도왔어요.

"그렇지만, 할아버지." 루푸스가 말했어요. "정부와 법, 도시, 법원 같은 것들이 한 번도 생긴 적이 없는 지역들도 있지 않아요? 그곳 사람들은 여전히 옛날 방식대로 살 테고요."

"맞아, 루푸스. 아주 좋은 지적이야. 지금까지는 모든 사람이 동시에 똑같은 변화를 겪은 것처럼 이야기했지. 하지만 실제로는 그렇지 않단다. 어떤 부족들은 여전히 정상 상태와 생업 경제에서 벗어나지 못하고, 1만 년 전 자기 조상들과 같은 방식으로 살아가고 있단다. 하지만 이런 부족들은 아프리카와 아시아 또는 남아메리카의 열대 우림과 사막, 그리고 외따로 떨어진 산악 지대에 극소수만 남아 있어. 저장과 전문화 그리고 교환을 통해 성장하는 경제 구조에 들어선 나라들 사이에도 많은 차이가 있지. 모두가 동시에 그런 구조에 들어선 것도 아니고 똑같은 길을 똑같은 속도로 따라간 것도 아니기 때문이지.

 많은 나라에서 교환과 화폐에 바탕을 둔 시장 경제와 함께 여전히 물물 교환이나 물건이나 돈 따위를 거저 주는 증여가 이루어지고 있단다. 경제학자들은 물물 교환이나 증여를 호혜주의라고 하지. 자세히 설명해 보마. 지금도 사람들 사이에서 이루어지는 많은 교환이 돈으

로 계산되지 않아. 물건만 그런 게 아니라 시간이나 보살핌 또는 도움 같은 것들도 그렇지. 가정을 떠올려 보면 금방 알 수 있어. 자식들에게 키워 준 대가로 많은 돈을 달라는 부모는 없잖니? 어쩌면 부모들은 나

이 들었을 때 자식들이 돌봐 줄 거라고 기대하기 때문에 그러는 걸 수도 있지만, 그렇다고 해도 이런 교환은 시장의 규칙을 따르는 교환과는 매우 다르지. 이것을 호혜적 증여라고 하는 게 맞겠구나. 사람에서 사람으로, 혹은 한 세대에서 다음 세대로 순환되어야 하는 도움이나 관용인 거지. 아마도 정상 상태에서 살았던 사람들 사이에는 이런 방식의 호혜적 증여만 이루어졌을 거야. 그 뒤로 인류가 이런 상태에서 벗어나면서 어떤 경우에는 물물 교환이나 동전 같은 화폐를 이용한 교환 방식이 자리를 잡았고, 어떤 경우에는 증여 방식이 그대로 유지되었지. 증여는 시장이 모든 것을 지배하는 것처럼 보이는 현대 사회에도 여전히 남아 있지. 공인된 정부가 통치하는 오늘날의 국가와 비슷한 조직이 처음 등장했을 때에도 증여 방식은 여전히 매우 중요했단다. '비옥한 초

승달 지대'에서 발생한 고대 수메르 문명에서 처음으로 이런 조직이 나타났어.

이런 공존 방식, 즉 국가를 조직하는 방식은 처음에는 지중해와 맞닿은 지역들로 퍼졌다가 나중에는 유럽 전체로 퍼져 나갔지. 각기 다른 시대에 인도와 중국, 중앙아메리카에서도 이런 일이 일어났는데, 주로 큰 강 주변처럼 농업이 발달할 조건을 갖춘 지역에서 시작되었단다."

"할아버지, 정부도 법도 화폐도 없이 숲에서 사는 사람들이 더 행복하지 않을까요? 뭘 하라고 시키는 사람이 아무도 없으니까요!" 루푸스가 주장했어요.

"너 말고도 그런 질문을 한 똑똑한 사람들이 많았단다. 해답은 서로 달랐지만, 한 가지는 확실하지. 정상 상태에서 사는 사람들이 결코 우리보다 적은 의무를 진 것 아니었어. 평생 한 번도 마주칠 일이 없는 먼 곳에 있는 권력자들이 부과하는 의무는 없었지만, 태어날 때부터 알고 지냈던 사람들이 부과하는 의무가 있었지. 그런 의무라도 무시할 수는 없었어. 왜냐하면 사람들이 집단을 이루어 함께 살아가기 위해서는 서로 협력하고 일을 분배하고 조정하는 방법을 배워야 하거든. 개인뿐만 아니라 공동체에도 유용한 것들을 얻기 위해 시간과 노력을 투자해야 하는 거지. 좀 더 학문적인 용어로 말하면, 공공재를 처리하는 방법을 배운다고 할 수 있겠다. 한번 예를 들어 볼까. 아주 작은 원시 부족 마을에도 오두막 전체를 둘러싼 나무 울타리가 있었단다. 오두막들을 지키기 위해 설치했지. 혼자서는 이런 울타리를 세울 수 없었어. 마을에서 힘 좀 쓰는 사람들이 모두 함께 일해야만 세울 수 있었지. 어떤 사람들은 힘든 노동에 화가 나서, 자기는 울타리가 없어도 잘 살 수 있다며 씩씩거리며 항의하기도 했을 거야. 그런 사람들도 울타리 덕분에 이웃

부족들의 공격을 쉽게 물리치는 걸 보고는 생각을 바꿨을 거야. 공동체를 위해서 들인 시간과 노력은, 그가 동의하든 안 하든, 개인에게도 이롭다는 사실을 알았을 테니까. 물론 현대로 올수록 모든 것이 더욱더 복잡해졌지. 나무 울타리 대신에 돌벽을 쌓게 되면서 더 많은 노동과 재료가 필요해졌고 설계와 계산도 더 복잡해졌어. 어떤 사람은 돌을 옮기는 일 대신에 벽과 문과 감시탑의 모양만 그리는 일을 했지. 또 길과 우물, 하수구, 학교도 지어야 했어. 혼자서는 절대로 만들 수도 없고 운영할 수도 없는 것들이지. 이럴 때에도 혁신이 문제를 해결하기도 하고 새로운 문제를 만들기도 한단다. 예를 들어, 도시의 성벽을 건설할 때 집집이 몇 시간이나 일하고 돌을 사는 비용을 얼마씩 내야 하는지 누가 결정해야 할까? 부유한 집이든 가난한 집이든 똑같은 돈을 내야 할까, 아니면 부자가 더 많이 내야 할까? 이런 걸 결정하려면 끝없이 논쟁이 이어질 거야. 그래서 결국에는 **정부**와 **법**이 어쩔 수 없이 필요하게 된 거란다. 그리고 이걸 지키려면 누군가는 힘을 사용해야 하는 거고. 오늘날의 경찰 같은 역할을 하는 사람들이지. 오늘날 대부분 나라에서 정부는 시민들의 승인을 받아야 해. 이탈리아에서는 시민들이 5년마다 투표를 해서 지금 정부를 맡은 사람한테 또 5년의 기회를 주거나 다른 사람에게 정부를 맡기기도 하지.

항상 이랬던 건 아니란다. 인류 역사에서 대부분은 자기 뜻을 다른 사람들에게 강요할 힘을 가진 사람이 정부를 장악했거든. 그런 사람들은 자기 능력으로 다른 이들이 자신의 말을 잘 듣도록 설득하거나 돈으로 군인들을 고용해서 자신에게 반대하는 사람들을 겁주기도 했고, 자기 가족이 고대 신화에 등장하는 신의 후손이므로 무조건 복종하지 않으면 지옥에 떨어진다고 협박하기도 했지. 어떻든 간에 통치자가 모두에게 이득이 되는 일을 거의 하지 않으면, 결국 사람들은 화가 나서는 군대나 고대 신화에 대한 공포를 이겨내고 반란을 일으키곤 했단다. 그러니 고대 통치자들도 어느 정도는 모두에게 이익이 되는 일을 할 수밖에 없었어. 일반 백성의 노동으로 자신과 가족들이 살 아름다운 궁전을 지으려면, 도시 전체를 보호하는 성벽도 건설해야 했지."

"하지만 네로 황제는 자기 궁전을 지으려고 도시 일부를 불태워 버렸잖아요." 조에가 말했어요.

"그래, 아주 좋은 예가 되겠구나. 역사가들은 네로 황제가 불을 질렀다고는 생각하지 않아. 그건 추측일 뿐 확인된 사실은 아니지. 그래도 네로 황제가 공공의 이익은 생각하지 않고, 화재를 아름다운 궁전을 건

설할 기회로 삼은 것은 맞지. 하지만 네로 황제는 서른한 살에 죽었단다. 더 끔찍한 최후를 피하려고 로마에서 도망치던 중에 자기 종한테 죽여 달라고 했어. 공공의 적으로 몰린 데다가 개인 경호원 역할을 했던 근위병들조차 자기를 도우려 하지 않았거든. 많은 통치자가 네로 황제보다 훨씬 더 이기적이고 잔혹한 짓을 하고도 늙어서 평온하게 눈을 감았단다. 침대에서 수발과 존경을 받으면서 말이야. 참 불행한 일이었지. 어쨌든 네로 황제의 최후는 자신의 이익만 보고 통치하는 이는 큰 위험을 맞게 된다는 걸 잘 보여 주지. 네로 황제처럼 뻔뻔한 방식으로 그렇게 한다면 그런 위험을 절대 피할 수 없지."

"하지만 나는 성벽을 쌓기에는 너무 어려요." 리사가 말했어요.

"아무도 너한테 성벽을 쌓으라고 하지 않을 테니 안심하렴. 왜 그런지 할아버지가 말해 줄게. 첫째로 넌 너무 어려. 둘째로 성벽은 이제 더는 꼭 필요한 공공재가 아니야. 셋째로 오늘날의 정부는 다른 시스템을 이용해서 시민 개개인이 공공재 생산에 참여하도록 한단다. 이 시스템의 이름은 조세란다."

"조개요?"

"아니, 조세. 그러니까, 세금 말이야."

"아아아!" 리사가 소리쳤어요.

"왜 그러니? 어디 아프니?" 경제 할아버지가 놀라서 물었어요.

"아니요. 세금이 아주 나쁜 거 같아서요. 엄마랑 아빠가 무서워하는 단 하나가 바로 세금이거든요. 진짜진짜 무서워해요."

"그렇다면 세금이 무엇인지 꼭 설명해야겠구나. 보통 두려움은 무지에서 나오거든."

06
모두 바보가 되는 길

"울타리에서 다시 시작해 보자. 원시 시대 마을에서 처음으로 필요한 공공재가 울타리였지. 마을 주민들은 울타리를 만들기 위해서 시간과 노동을 바쳐야 했어. 오늘날에는 공공재와 공공 서비스가 훨씬 많아졌는데, 정교하고 복잡한 능력을 갖춘 특별한 사람들이 필요한 일이 많단다. 예를 들어, 이탈리아의 병원에서는 의사들이 돈을 받지 않고 사람들을 치료해 주지. 이렇게 하려고, 모든 집안이 자기 집안 출신 의사들이 번갈아 일하도록 하는 걸까? 모든 집안에 의사가 있으리란 보장도 없으니 그건 불가능할 일이지. 그렇다면 어떻게 된 일일까? 힘들게 공부해서 의사가 된 사람들은 치료해 준 대가로 환자들한테서 돈을 받지는 않지만, 다른 방식으로 돈을 번단다. 어떻게? 세금으로 벌지. 무슨 뜻이냐면, 너희 엄마 아빠는 일해서 번 돈을 모두 가지지 않아. 나도 그렇고, 이 나라에 사는 정직한 사람들은 모두 그렇지. 우리는 벌어들인 돈의 일부를 세금으로 나라에 내고, 나라에서는 세금으로 의사들에게 월급을 주지. 경찰, 군인, 선생님, 할아버지 같은 교수도 이런 방식으로 돈을 받는단다. 병원에는 하루에 얼마나 많은 약을 사용하고 그 약을 사들이는 데 비용이 얼마나 드는지 계산하는 일을 하는 직원들도 있어. 그들이 의사만큼 중요하진 않더라도 병원이 잘 돌아가려면 꼭 필요한 사람들이니까 역시 세금으로 월급을 주지. 우리가 낸 세금을 어떻게 쓰고 시민 각자에게 세금을 얼마나 부과할 것인지 결정하는 사람들이

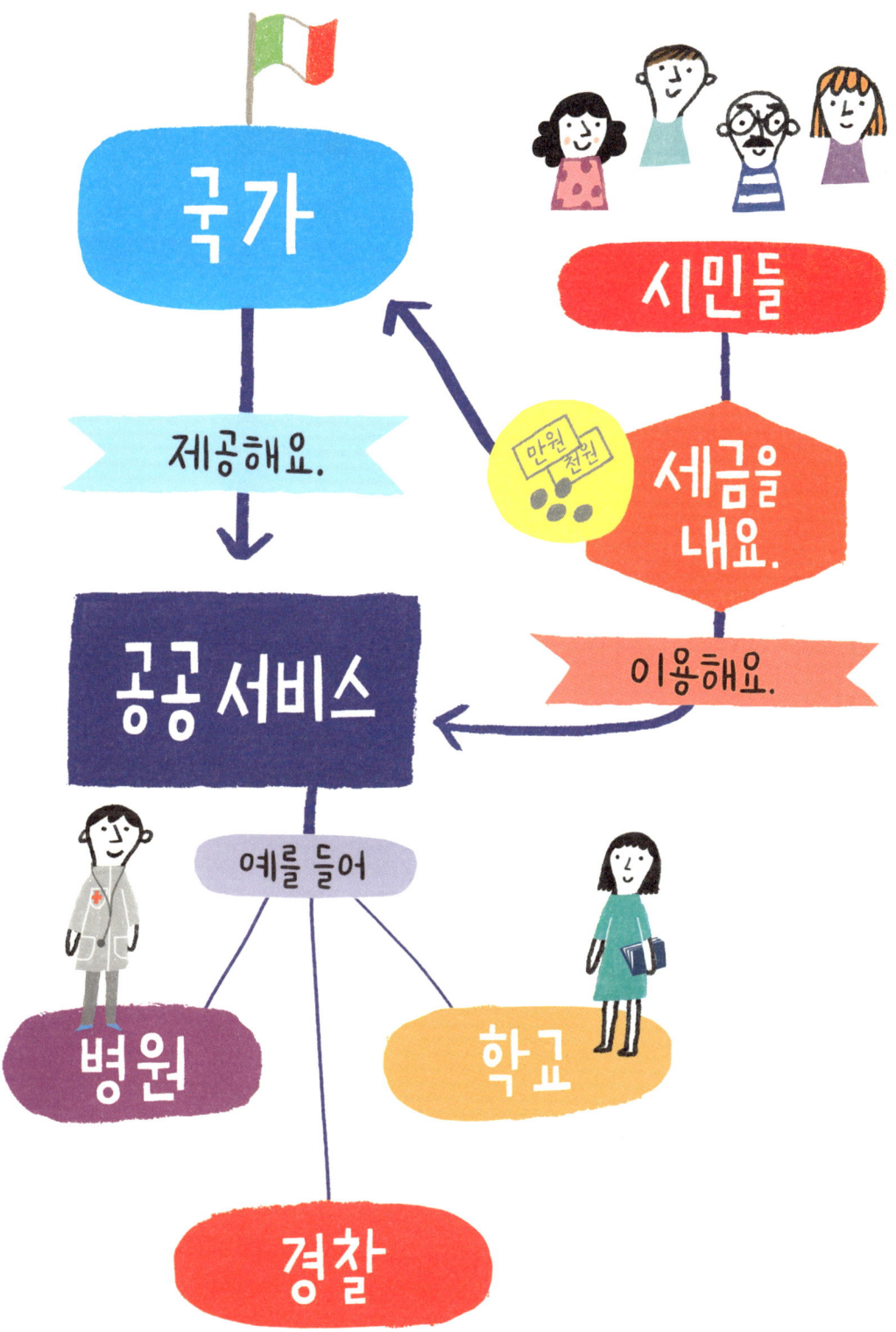

있어. 이 사람들을 정치인이라고 하는데, 이들의 월급도 세금으로 준단다. 조세 제도가 엄청나게 많은 사람과 엄청나게 많은 돈이 관련된 일이라는 걸 알겠지?

사람들은 세금이 제대로 쓰인다고 판단하면, 즉 병원이 제대로 돌아가고, 경찰이 범죄자를 잡아들이고, 아이들이 학교에서 많은 것을 배운다고 여기면, 기꺼이 자기가 번 돈의 일부를 세금으로 낼 거야. 반대로, 병원이 제대로 돌아가지 않고, 도둑들이 마음대로 훔치고 다니고, 아이들이 학교에서 아무것도 배우지 못한다면, 세금을 내기가 꺼림칙할 거야. 이렇게 되면, 시민들은 자기들이 낸 돈이 어디에 쓰이는지 의심하고 세금을 미워하게 되지. 왜냐하면 자기가 번 돈의 일부를 이유도 없이 포기하거나 심지어 누군가 훔쳐 간다고 느끼게 되거든. 그런데 이걸 핑계로 자신들이 내야 할 것보다 세금을 적게 내려고 속임수를 쓰는 사람들도 있단다. 이런 사람들은 좋은 집과 좋은 차를 소유하고, 은행에 많은 돈을 맡겨 놓고 있으면서도, 가난해서 세금 한 푼 낼 돈도 없는 척을 하지. 이런 사람들을 탈세자라고 하는데, 안타깝게도 이 나라에는

탈세자들이 많단다. 그리고 세금으로 걷은 돈을 어디에 쓸지 결정하는 사람들이 때로는 자신들을 위해 세금을 사용하려고 속임수를 쓰기도 한단다. 예를 들어, 이 나라의 정치인들은 월급을 아주 많이 받아. 그런데 그들의 월급을 누가 정할까? 정치인들 자신들이야. 조금 이상하지. 또 이건 어떠니? 병원 건설을 누구에게 맡길지 결정하는 권한을 가진 정치인이 있어. 그런데 이 사람이 훌륭한 병원을 지을 능력을 지닌 사람은 놔두고 다른 사람에게 일을 줘 버린 거야. 그 사람이 자기에게 이렇게 말했기 때문이지. '이 병원을 제가 지을 수 있도록 해 주신다면 당신한테 아주 많은 돈을 드리겠습니다. 아무도 모르게요.' 이렇게 정치인이 자기 친구에게 일감을 줘서 개인적으로 돈을 챙기면, 그만큼 병원 건설에 쓸 돈이 줄어들게 될 거야. 그 정치인은 우리 모두로부터 돈을 훔치는 거고, 우리는 덜 훌륭한 병원을 이용하게 되는 거지. 이런 것을 부패라고 한단다. 안타깝게도 이 나라에는 부패가 매우 많단다.

어떤 사람들은 시간이 지나면서 공공재와 공공 서비스가 너무 많아졌다고 생각해. 그런 사람들은 개인들이 교육비와 의료비를 교사와 의

사회적 부패

사에게 직접 지불하고, 그 대신에 국가에 세금을 더 적게 내는 게 좋다고 말하지. 이 말도 분명히 일리가 있어. 하지만 이런 식으로 바꾸면 치료나 교육을 아예 받을 수 없을 만큼 가난한 사람들은 어떻게 해야 할까? 어떤 사람들은 그들이 알아서 할 문제라고 하지만, 어떤 사람들은 가장 어려운 이들을 돌보지 않는 국가는 불공정하고 쓸모없다고 생각하지. 또한, 부자들만 공부할 수 있다면, 많은 똑똑한 사람들이 자기나 남을 위해 명석함을 발휘할 기회조차 얻을 수 없을 거야. 그렇게 되면 우리에게 도움이 되는 발명과 유용한 아이디어도 줄어들 테고. 예방 접종이 좋은 예지. 만약 국가가 나서서 수백만 명이 맞을 백신 비용을 대지 않았다면, 여러 질병을 절대로 물리치지 못했을 거야. 이런 까닭으로 매우 가난한 나라들에서는 여전히 그런 질병들이 퍼지고 있단다. 사실, 병원이나 학교가 완전히 무료이거나, 그 반대로 개인이 모든 비용을 지불하는 나라는 드물어.

지도자를 시민들이 스스로 선택할 수 있는 민주주의 국가들에서는 선거 때마다 이런 주제들을 두고 토론이 벌어지지. 세금을 적게 내고 공공 서비스 혜택을 적게 받는 게 나을까, 아니면 세금을 많이 내고 공공 서비스 혜택을 많이 받는 게 나을까? 또는 두 생각을 조화롭게 절충하는 게 좋지 않을까? 어떤 공공 서비스 부문에 더 많은 돈을 투자해야 할까? 경찰? 병원? 학교? 법원? 군대? 교통수단? 일자리를 잃은 사람들에게 지급하는 실업 급여를 늘려야 할까? 일할 수 없는 노인들에게 주는 연금을 줄여야 할까? 모든 이들에게 최소한의 교육을 제공하기 위해 세금의 많은 부분을 초등학교와 중학교에만 집중하여 지원하고, 더 공부하고 싶은 사람들은 자신들이 비용을 지불하게 해야 할까? 아니면 의사, 판사, 교수, 기술자 들을 배출하는 대학교의 등록금을 내리는 데에 세금을 써야 할까?

이런 선택은 중요하고도 어려워. 어떤 선택을 하든 장점도 있고 단점도 있어. 개인의 신념이 이런 결정에 영향을 주기도 하지. 참고로, 할아버지는 내 주위 사람들이 모두 가난한데 혼자서만 부자가 되긴 싫단다. 그들이 가난하게 사는 걸 보면, 나도 불쌍하고 불행한 기분이 들 거 같거든. 하지만 반대로 생각하는 사람들도 있어. 다른 사람들의 부러움을 사기 위해 아주 비싼 물건을 사는 사람들이 있지. 물론 정부가 권력을 가진 정치인이나 그들의 친구들만의 이익이 아니라, 모두에게 이익이 되는 최선의 결정을 내린다면 모든 일은 더욱 쉽게 풀릴 거야. 예를 들어, 정부는 모두에게 공평하게 세금을 매기고, 세금을 안 내거나 자신

의 이익을 위해 공공의 돈을 쓰는 일을 용납하지 말아야지."

"네로 황제처럼 하면 안 돼요." 리사가 말했어요.

"맞아. 그러면 안 되지. 부패는 항상 경제에 손실을 입히거든. 모두를 가난하게 만드는 손실이지. 길게 보면 결국 부자들마저 손실을 보게 된단다. 예를 들어, 이탈리아에서는 실력이 좋은 사람이 아니라 정치인과 친한 사람이 병원 건설 일을 도맡아 한다는 소문이 나면 어떻게 될까? 실력이 아주 좋은 프랑스, 영국, 독일, 스페인 건축가들은 그들의 뛰어난 기술을 가지고 절대로 우리나라에 오려고 하지 않을 거야. 좋은 실력으로 돈을 벌고자 하는 정직한 이탈리아 사람들도 외국으로 가 버리겠지. 병원뿐만 아니라 공장이나 상점 또는 광고 대행사 일에서도 마찬가지일 거야. 어떤 사업을 하더라도 위험은 있어. 상점이나 공장이나 광고 대행사를 여는 사람은 자신이 쓰는 돈과 시간을 잃어버리지 않을 거라고 확신할 수는 없지. 그래서 계산을 해 본단다. 만약 상점이나 공장의 성공과 실패가 자기한테 달려 있어서, 좋은 옷을 팔거나 성능 좋은 냉장고를 생산하기만 하면 성공할 수 있다고 생각하면, 그는 기꺼이 위험을 감수할 거야.

하지만 성공과 실패가 특별한 친분 관계에 좌지우지되기 때문에 학교 급식소에서 쓸 냉장고나 경찰의 제복을 구매하는 공무원에게 뇌물을 줘야 한다면, 사람들은 자기 능력만 있으면 성공할 수 있는 곳에다가 상점을 내거나 공장을 차리려고 할 거야. 이런 까닭으로 한 도시에서 상점과 공장이 하나씩 줄어들면 상점과 공장 주인뿐만 아니라 도시 전체의 일자리와 수입도 그만큼 줄어드는 거지. 이해하겠니?"

"네, 경제 할아버지. 선생님께 선물을 드리는 학생들만 좋은 점수를 받는다면 뭐하러 공부를 하겠어요?" 리사가 말했어요.

"훌륭해. 리사가 아주 좋은 예를 들었구나. 그런 학교에서는 결국 모두 바보가 될 거야."

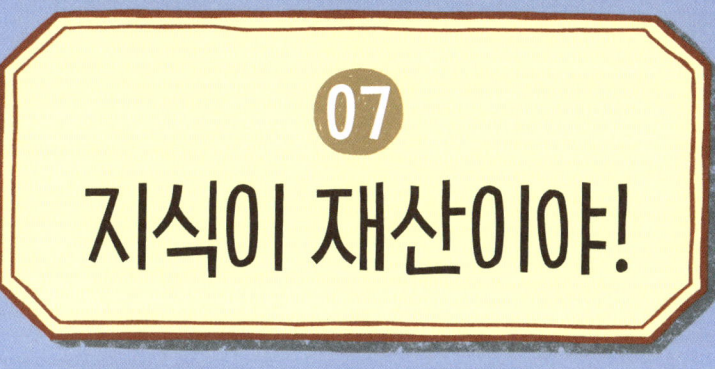

07
지식이 재산이야!

"점점 더 많은 사람이 점점 더 많은 지식을 갖는 것이 매우 중요하단다. 모두가 무지하면 모두가 더 가난해지지. 지식은 곧 재산이고 널리 퍼질수록 더 쓸모가 많아." 경제 할아버지가 계속 말했어요. "어떤 사람이 정말 엄청난 발명을 했는데 주위 사람들이 그가 하는 말을 알아듣지 못하면, 그 발명은 쓸모없게 되지. 그뿐만 아니라 사람들은 이 발명가를 미친 사람이나 마법사로 취급할 거야."

"외로운 발명가 아저씨가 불쌍해." 리사가 말했어요.

"그래, 네 말이 꼭 맞아. 외로운 발명가는 불쌍하지. 이 발명가는 결국 자기 지식을 인정받을 수 있는 곳으로 가야 할 거야. 그런 곳에서라면 다른 발명가들과 토론을 벌이며 자기 발명품을 더 효율적으로 개선할 수 있겠지. 영화나 동화에서는 인류의 역사를 바꾼 위대한 발명들이

한 사람의 천재적인 아이디어에서 비롯된 것처럼 이야기하지. 하지만 실제로 그런 일은 매우 드물단다.

　산업 혁명을 되짚어 보자. 1700년대 중반 영국에서 제품 생산 방식의 혁신이 일어났어. 이 혁신이 처음에는 유럽, 그리고 나중에는 전 세계 사람들의 삶을 바꾸어 버렸어. 사람보다 몇 배나 힘이 센 기계를 이용하게 되었고 때로는 사람이 하던 일을 기계가 대신하게 되었지. 그 결과로 이전에는 길고 힘든 노동으로 만들었던 제품들을 짧은 시간에 대량으로 생산하게 되었지. 이런 변화를 불러온 발명으로는 무엇보다 먼저 증기 기관을 손꼽을 수 있어. 증기 기관은 섬유 산업에서 활용되었고, 광산과 금속 주조 공장의 생산성을 눈부시게 끌어올렸으며, 교통수단으로 이용하던 말들을 은퇴시켰지. 섬유 산업에서 일어난 산업 혁명은 자동으로 움직이는 베틀 북을 발명한 존 케이와 제니 방적기를 발명한 제임스 하그리브스 덕분이란다. 물론 증기 기관을 발명한 제임스 와트를 빼놓을 순 없지. 고대 이집트 알렉산드리아에 살았던 헤론이 이미 증기를 이용해 물체를 움직인다는 아이디어를 생각해 냈고, 레오나르도 다빈치와 다른 발명가들이 그 아이디어를 실현해 보려고 했단다. 그 아이디어가 실제로 활용할 수 있다는 것을 증명하고 모두의 삶을 혁명적으로 바꾸어 놓은 것은 제임스 와트와 동시대 발명가들이었어. 그들이 사막에서 홀로 일했다면 결코 성공하지 못했을 거야. 그들은 다른 발명가들, 기술자들, 상인들과 협력했어. 이 사람들은 와트와

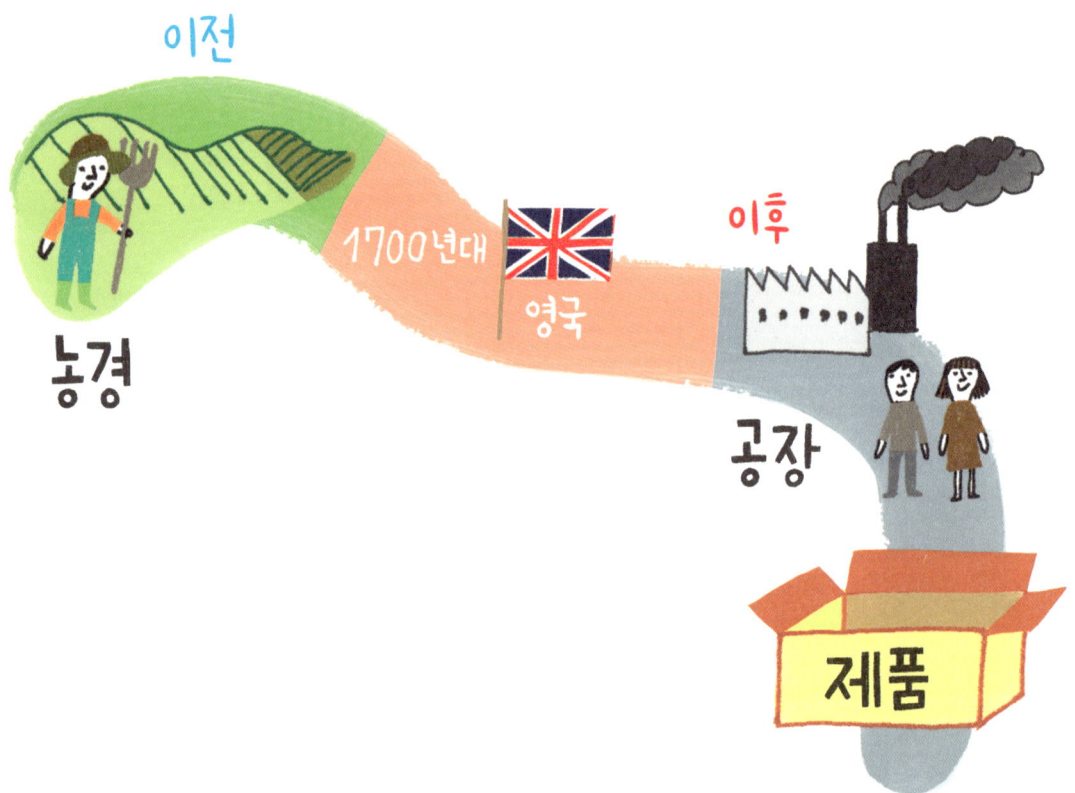

다른 발명가들의 성공이 가져올 결과를 이해했어. 그래서 그들을 지원하고 북돋워 주었고, 그들이 일군 혁신을 올바로 받아들였단다. 와트를 비롯한 위대한 발명가들의 지식이 이미 널리 알려졌기 때문에 가능한 일이었지. 발명가들 자신도 아무것도 없는 상태에서 시작한 건 아니었어. 비록 결함이 있기는 했지만, 엄청난 일을 하는 기계 장치에 대한 아이디어는 이미 존재하고 있었지."

"제임스 어쩌고 하는 발명가 아저씨한테 루푸스의 머리도 손봐 달라고 하면 안 될까요?" 조에가 물었어요.

루푸스는 서랍에서 찾은 손전등을 켜려고 애를 쓰고 있었어요. 건전지에 혀를 댔다가 머리카락이 쭈뼛 설 만큼 충격을 받았는데도 루푸스는 포기하지 않았어요.

"제임스 와트 말이니?" 경제 할아버지가 물었어요. "제임스 와트는 이미 오래전에 죽었단다. 하지만 바로 제임스 와트 덕분에 우리는 조상들보다 훨씬 편리한 삶을 누리게 되었지. 그는 산업 혁명에서 가장 유명한 발명가야. 산업 혁명 뒤로 적어도 산업화한 나라에서는 이전 시대와는 비교할 수 없이 빠르게 변화가 일어나고 있단다.

지금은 거의 모든 나라가 그런 변화를 겪고 있지. 사람들의 직업에도 큰 변화가 생겼어. 1700년대까지만 해도 인구의 대부분은 농사를 지었는데 그 뒤로는 공장에서 일하는 사람들의 수가 점점 늘어났단다. 제품의 생산량이 늘어나면서 자연히 제품을 판매하고 운반하고 광고하는 사람들의 수도 늘어났지. 직업이 점점 전문화되었고 새로운 직업도 생겨났어. 다른 사람들의 일을 관리하는 사람, 회계 장부를 기록하는 사람, 새로운 기술이나 시장, 또는 소비자들의 취향을 조사하는 사람들이 필요해졌지. 오늘날 잘사는 나라에서는 농민의 수가 크게 줄었어.

농기계의 발달 때문이기도 하지. 여전히 물건을 만드는 제조업에 종사하는 사람이 무척 많지만, 점점 더 많은 사람이 서비스업으로 옮겨 가고 있어.

　서비스업이란 감자나 냉장고 같은 실제 제품을 생산하는 것이 아니라 감자와 냉장고가 생산자로부터 소비자에게 도달할 수 있도록 하는 데 필요한 모든 일을 아우른단다. 거래, 운반, 행정 같은 것들을 포함하지. 스위스는 부유한 나라인데 농업이나 제조업이 특별히 발달하지 않

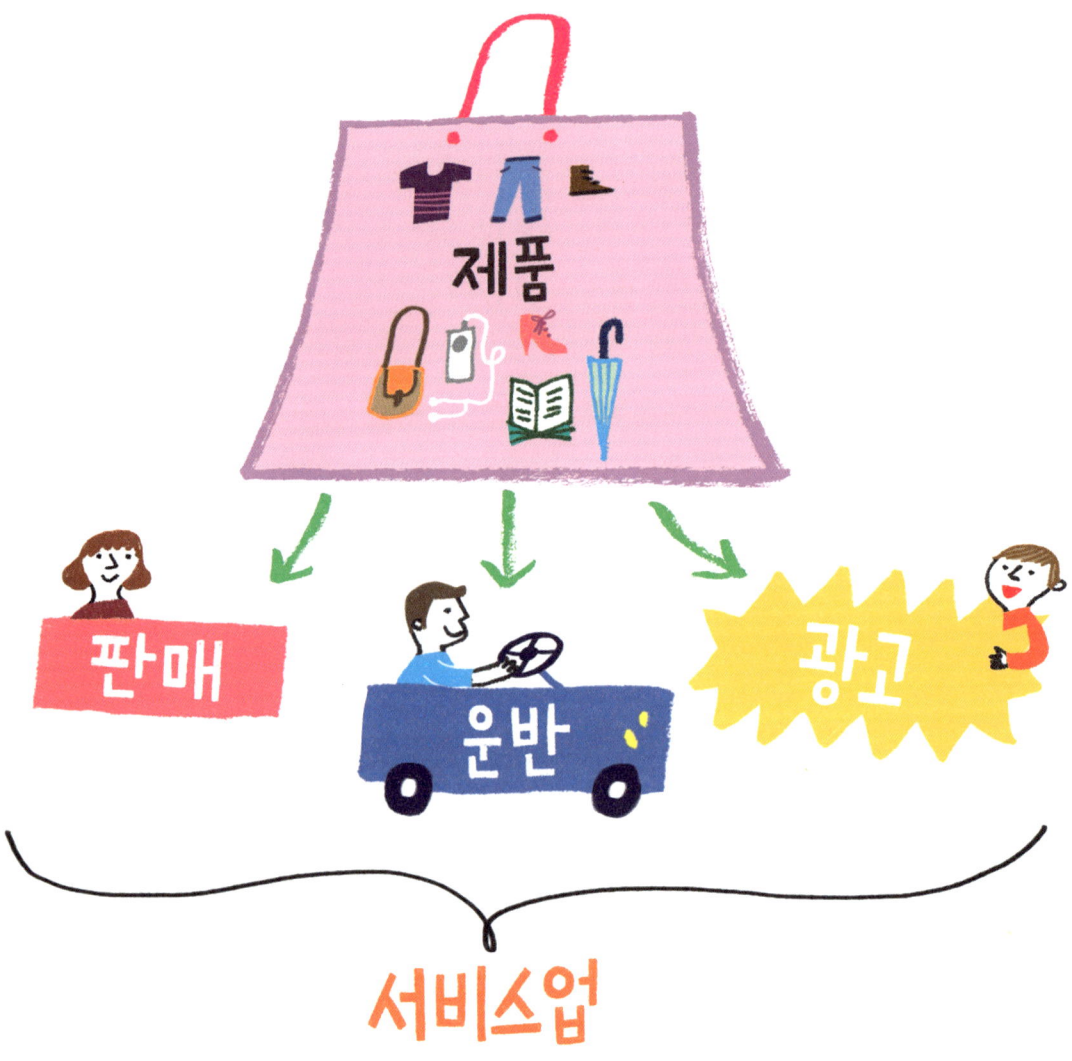

앉아. 오히려 대부분 농산물과 제품을 수입해서 사용하지. 그 대신에 서비스, 특히 금융 서비스를 외국에 판매한단다. 이걸 제대로 이해하려면 할아버지 이야기를 좀 더 들어야 해. 이제부터 부자가 되는 방법이 어떻게 변해 왔는지 설명해 주마. 바로 산업화에 대한 이야기지."

"루푸스 오빠, 그만해!" 리사가 갑자기 소리쳤어요.

루푸스가 마침내 손전등을 켜서는 자기 입안을 비추고 있었어요. 괴물처럼 보이게 하려는 거였죠.

"루푸스, 리사 겁주지 마!" 조에가 나무랐어요.

"무섭진 않아. 징그러운 거지." 리사가 꼭 집어 말했어요.

루푸스는 깔깔대며 웃다가 손전등을 삼킬 뻔했어요.

경제 할아버지는 손자가 숨이 막히지 않은 것을 확인하고는 다시 이야기했어요. "효율적인 공장을 세운 사람은 빠른 시간에 재산을 몇 배나 불릴 수 있었지. 중세 때는 땅을 소유한 지주들이 가장 재산이 많았고, 그 뒤 몇 세기 동안은 상인들이 항해 기술의 발전 덕분에 큰돈을 벌었는데, 공장 소유주들은 그들보다도 훨씬 많은 돈을 벌었단다. 못이나 핀 또는 옷을 만드는 데 드는 비용, 즉 원재료 구매에 쓴 돈과 노동자들의 임금, 그리고 공장을 유지하는 데 드는 돈을 합한 것과 제품을 판매

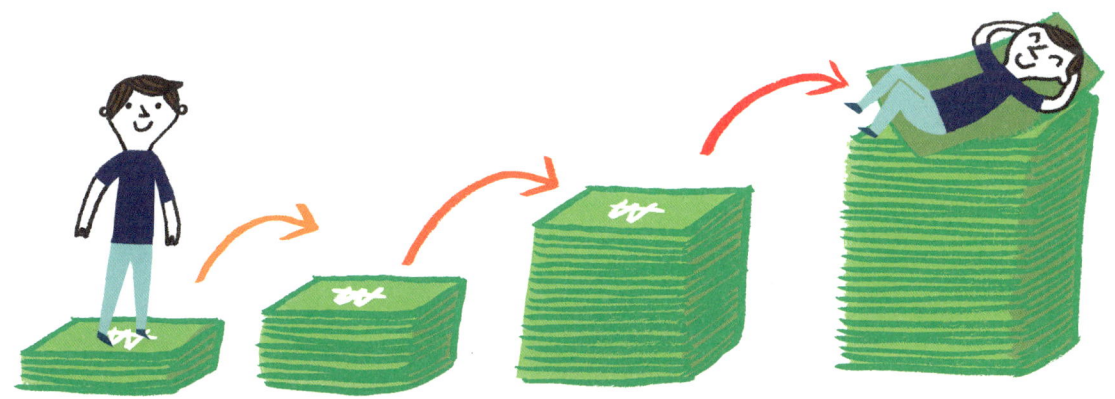

해서 벌어들인 돈의 차이가 아주 컸단다. 못 하나를 팔아서 얻는 수익은 아주 적었지만, 공장에서는 짧은 시간에 못을 몇천 개씩 생산했어. 그 덕분에 기계가 없던 시절부터 못을 만들어 온 장인들이 만든 못보다 훨씬 낮은 가격에 못을 팔 수 있었어. 같은 시간 동안 장인들이 만들 수 있는 못의 수는 공장보다 훨씬 적었어. 그러니 장인들은 공장과 경쟁해서 절대로 이길 수 없었단다. 경제학자들은 이런 구조를 가리켜 규모의 경제라고 하지. 좋은 아이디어를 가진 사람, 예를 들어서 못을 더 빠르게 생산하는 기계를 고안한 발명가 같은 사람한테는 엄청난 기회가 생겼어. 하지만 발명만으로는 부족했단다. 왜냐하면 발명품 견본을 여러 번 만들어 보고, 기계를 들여놓을 큰 공장을 짓고, 못을 팔아 이익을 얻을 때까지 노동자들에게 임금을 주려면 많은 돈이 필요했기 때문이지. 바로 자본이 필요했던 거야. 자본이란 투자하는 돈을 말한단다. 나중에 더 많은 돈을 벌어들일 목적으로 제품이나 서비스 생산에 필요한 비용을 대는 거지. 이렇게 재산을 늘리는 구조는 고대에도 존재했어. 산업 혁명으로 처음 등장한 것이 아니지. 하지만 산업 혁명 뒤에는 이것이 부를 축적하는 주된 방식이 되었는데, 대부분 사람들이 이 방식으로 돌아가는 경제에 참여했을 뿐만 아니라 일이나 인간관계도 이에 따라 변했지. 이런 구조가 일찌감치 자리를 잡았던 유럽과 북아메리카 국가들을 자본주의 국가라고 부르기 시작했어. 공장 주인들은 자본가가 되었지. 그렇게 해서 지금 우리는 자본주의 사회에서 살게 된 거란다."

"그러면 원래 부자였던 사람만 더 부자가 되는 거 아니에요? 처음부터 부자인 사람만 공장에 투자할 수 있을 테니까요." 루푸스가 이제야 제대로 숨을 쉬면서 물었어요.

"정말 좋은 질문이야, 루푸스. 정말 훌륭해. 그런데 말이다, 네 말은 한편으로는 맞고 한편으로는 틀려. 물론 이미 부자인 사람들이 공장에 투자해서 재산을 몇 배나 늘리기도 했지. 영국의 지주들이 그랬단다. 하지만 아주 작은 공간에 기계 하나만 놓고 시작한 사람들도 있었어. 그 사람들은 번 돈을 다 쓰지 않고 다시 투자했어. 첫 번째 기계로 번 돈으로 두 번째 기계를 사고, 다시 세 번째 기계를 사는 식이었지. 그렇게 해서 처음에는 거의 아무것도 없이 시작한 사람들이 부자가 되는 일도 있었어. 현대 경제를 떠받치는 기둥이라고 할 수 있는 매우 중요한 현상이 또 있어. 바로 신용 거래란다."

만약 나한테 굉장히 잘 팔릴 제품을 만들 능력이 있는데 그 일을 시작할 돈이 없다면 어떻게 해야 할까? 돈이 많은 누군가에게 함께 회사를 만들자고, 즉 내가 일을 시작할 수 있도록 투자하라고 말하겠지. 나는 아이디어와 노동을 제공할 테니 나중에 이익을 나누자고 하는 거

지. 또는 친구나 친척이나 은행에 대출을 요청할 수도 있겠지. 물론 은행에서는 시간이 어느 정도 지난 뒤에 빌려준 돈을 되돌려 달라고 할 거야. 처음 빌린 돈에다가 돈을 좀 더 보태서 말이지. 그게 바로 이자란다. 이자를 받지 못한다면 은행으로서는 굳이 돈을 빌려줄 이유가 없지. 하지만 내가 대출한 돈으로 회사를 설립하고, 생산한 제품을 판매해서 돈을 벌 수 있다면 아무 문제도 없어. 나와 은행, 둘 다 기분 좋게 이득을 본 셈이니까."

"죽이는데요." 리사가 말했어요. 그러고는 바로 얼굴을 붉히며 변명했어요. "조에 언니한테 배운 말이에요."

조에는 말없이 하늘을 올려다보았어요.

"그래, 모든 것이 잘 풀리면 정말 죽이지." 경제 할아버지가 웃으며 말했어요. "하지만 안타깝게도 모든 게 항상 잘 풀리진 않는단다. 이제부터 그 이유를 설명해 줄게."

08 돈을 빌려주는 은행

"은행은 도둑이 훔쳐 가지 못하도록 돈을 안전하게 보관하는 거대한 금고 같은 거 아니에요? 그런데 은행 직원들이 그 돈을 다른 누군가에게 준다고요? 그럼 은행 직원들이 돈을 훔치는 거잖아요?" 조에가 물었어요.

"아니야, 분명 그건 아니야." 경제 할아버지가 대답했어요. "사람들이 맡긴 돈이 거대한 금고에 그대로 남아 있지 않다는 건 맞아. 한 사람이 보관해 달라고 맡긴 돈을 다른 사람에게 빌려주는 일은 아주 오랜 옛날부터 있었어. 신전 사제들이 돈을 맡아 보관해 주기도 했지. 하지만 오늘날 은행과 같은 신용 거래 체계는 이탈리아 사람들이 발명한 거란다. 할아버지가 알기에는 약 600년 전 르네상스 시대에 피렌체 사람들이 시작했어. 그들이 시작한 방식을 예를 들어 설명해 보마. 나는 루

푸스가 프랑스로 가서 토끼 가죽을 팔려고 하는데 여행 경비로 쓸 돈이 없다는 것을 알고 있었어. 토끼 가죽의 질이 아주 좋아서 프랑스에 가기만 하면 루푸스는 비싼 값에 팔아 부자가 될 수 있는데, 참 안타까운 일이었지. 나는 리사가 몇 년 동안 돈을 모아서 커다란 분홍색 돼지 저금통을 가득 채웠다는 것도 알고 있었어. 마침 리사는 돼지 저금통에 들어 있는 돈을 어떻게 하면 빨리 불릴 수 있을까 고민 중이었지. 나한테는 두 사람 모두 행복해지고 나도 돈을 벌 방법이 있었어. 나는 리사에게 가서 이렇게 말했어. '리사, 나에게 돈을 맡기면 내가 안전하게 지켜 줄게. 그게 다가 아니야. 네 돈은 해마다 조금씩 불어날 거야. 내가 너한테 이자를 줄 거거든.' 나는 리사가 맡긴 돈 가운데 일부를 루푸스에게 빌려줬어. 루푸스는 이제 프랑스에 가서 토끼 가죽을 팔 수 있게 되었지. 나는 루푸스에게 프랑스에서 장사해서 돈을 벌면 내가 빌려준 돈을 조금씩 갚으라고 했어. 그리고 내가 빌려준 돈에 이자를 붙여서 갚아야 한다는 말도 잊지 않고 했지.

은행의 이익은 돈을 빌린 사람이 내는 이자와 돈을 맡긴 사람에게 은행이 주는 이자의 차이에서 생긴단다. 당연히 은행은 돈을 빌리는 사람

한테 더 높은 이자를 받아야 하지.

예를 들어 보마. 리사는 내게 100만 원을 맡겼고 나는 1년 뒤에 리사에게 102만 원을 돌려주겠다고 약속했어. 나는 루푸스에게 100만 원을 빌려주면서 1년 뒤에 105만 원을 갚으라고 했지. 루푸스가 장사를 잘해서 돈을 많이 벌면 모두가 행복할 수 있어. 왜냐하면 루푸스는 자기가 빌린 돈에 이자를 붙여서 나한테 갚고 나머지는 자기가 가지면 되고, 나는 리사한테 이자를 붙여서 돈을 돌려줄 거고, 루푸스가 나한테 준 이자에서 내가 리사한테 준 이자를 뺀 것이 나의 이익이 되는 거니까. 하지만 루푸스가 장사를 망치면, 나는 리사에게 돈을 돌려줄 수 없게 되지. 만약 리사가 날마다 나를 찾아와서 돈을 갚으라고 조르면 나는 파산을 선언할 테고, 그러면 우리 셋 다 끔찍한 재앙을 맞는 거지. 하지만 실제로는 돈을 맡기는 사람이나 빌리는 사람이 한 사람씩만 있는 게 아니란다. 그러니까 리사와 루푸스가 수없이 많은 거지."

"그게 뭐예요? 완전히 공포 영화잖아요? 루푸스와 리사가 수없이 많다니. 그건 절대 안 돼요. 그런 일이 생기면 난 이민 가 버릴 거예요." 조에가 말했어요.

"진정하렴. 단지 예를 든 것뿐이잖니? 수많은 사람이 은행과 관계를 맺는다는 뜻으로 루푸스와 리사가 수없이 많다고 한 거란다." 경제 할아버지가 설명했어요. "이제 이야기를 계속해도 되겠지?"

"음……. 그렇게 하세요." 조에가 아직도 미심쩍은지 중얼중얼 말했어요.

"고맙다." 경제 할아버지가 말했어요. "내가 은행이고 1000명이 내게 돈을 맡겼다고 해 보자. 1000명이 동시에 맡긴 돈을 돌려 달라고 하지는 않겠지. 그건 거의 확실해. 그러니 나는 예금자들이 맡긴 돈의 일부만 보관하고 있다가 일부 예금자들이 돈을 찾을 때 돌려주면 되지. 그리고 나머지는 돈이 필요한 사람들에게 대출해 주고 그들한테서 이자를 받는 거야. 그러면 나는 리사 같은 예금자들한테 약속을 지키면서 돈도 버는 거지. 어떻게 보면, 돈이 돌게 함으로써 부를 만들고, 돈을 만드는 거지. 게다가 돈을 빌려 간 사람 가운데 일부가 돈을 갚지 못할 위험도 감당할 수 있어. 왜냐하면 예금자도 많고 돈을 빌려 간 사람들 대부분은 제날짜에 돈을 갚기 때문이지.

이렇게 시스템이 균형을 이루면 모두가 이득을 볼 수 있어. 물론, 그러기 위해서는 은행가가 매우 신중하게 돈을 빌려주어야 하지. 은행가들은 대출을 장려해야 해. 그래야 이자를 받아서 돈을 벌 테니까. 그렇다고 마구 대출해 줘도 안 된단다. 그러면 대출한 사람들이 돈을 갚지 못할 가능성이 높아지고, 불안해진 예금자들이 갑자기 돈을 돌려 달라고 할 수도 있는데, 은행에는 돌려줄 돈이 남아 있지 않을 수도 있지. 그러면 은행이 파산하는 거야. 그래서 지금은 은행들이 꽤 엄격한 법을

따라야 해. 그런 법에는 은행이 예금자가 맡긴 돈 가운데 얼마를 은행에 보관해야 하는지, 대출을 요구하는 사람에게 어떤 약속과 보증을 받아야 하는지가 정해져 있단다. 정보 비대칭이라는 풀기 어려운 문제 때문이지. 은행에서 돈을 빌리려는 사람은 자신이 돈을 벌 가능성을 지나치게 긍정적으로 말하는 경향이 있단다. 예를 들어서 루푸스는 이렇게 말할 거야. 프랑스에는 제대로 된 가죽 생산자가 없어서 자기가 프랑스에 가기만 하면 토끼 가죽을 엄청나게 많이 팔 거라고 말이지. 물론, 나는 은행가로서 루푸스의 말만 믿지 않고 직접 프랑스의 토끼 가죽 시장의 동향을 알아보거나 루푸스에게 담보를 요구하겠지. 담보가 뭐냐 하면, 루푸스가 장사를 망쳐서 빚을 갚지 못할 때, 그 대신 나한테 자기 집이나 땅 같은 것을 주겠다고 약속하는 거란다. 은행들은 의심이 많은 편이라 보통은 돈을 빌리려는 사람이 요청한 것보다 적은 금액을 빌려주지. 보통은 그렇게 하는 게 옳지만 언제나 그렇지는 않아. 왜냐하면 그 누구도 완벽하게 이성적으로 판단할 수는 없거든. 은행가도 마찬가지지. 게다가 우리는 주위에서 일어나는 일에 영향을 받기도 해. 만약 최근에 대출해 준 사람들이 대부분 성공을 하면, 루푸스가 하겠다는 사업에 대해 철저히 알아보지도 않고 쉽게 돈을 빌려줬다가 낭패를 볼 수도 있어. 또 반대로 최근에 대출해 준 사람들이 줄줄이 실패하면, 루푸스가 프랑스에서 토끼 가죽을 팔아서 엄청난 성공을 할 수 있는데도 돈을 빌려주지 않을 수도 있단다."

"루푸스가 성공할 일은 절대 없어요. 애가 품위가 없거든요." 조에가 말했어요.

루푸스가 부지깽이로 콧구멍을 후비다 말고 조에를 노려봤어요. 경제 할아버지와 리사는 어이없는 표정으로 루푸스를 바라봤어요. 하는 짓을 보니 조에 말이 맞는 것 같았지요.

경제 할아버지가 말을 이었어요. "또, 어떤 사업이 큰돈을 벌 것 같아서 은행에서 그 사업을 지원하려고 할 때, 정직하지 못한 사람들이 달려들기도 하지. 이런 사람들은 아이디어를 실제 제품으로 만드는 사람들을 도울 생각도 없고, 은행에 돈을 맡긴 예금자들의 이익에도 관심이 없어. 오직 자기 자신의 이익만 생각하지. 그래서 자기한테 사례비를 주겠다는 친구한테 경솔하게 돈을 대출해 주기도 한단다. 그 친구가 담보를 제공하지 않아도 말이다. 이렇게 하다 보면 은행에 맡긴 예금이 위험해질 수도 있어. 너희도 경제 위기라는 말 들어 봤지? 경제 위기는 이런 정직하지 못한 사람들 때문에 발생하기도 했단다. 물론 경제 위기의 원인이 이것만은 아니지. 어떤 상품의 가치가 오르는 시기에는 사람들이 너무 낙관적으로만 생각하는 경향이 있어. 아무 근거도 없이 그런 상품의 가치가 끝없이 오를 거라는 환상을 가지게 되는 거지. 물론 그건 불가능한 일이야. 경제학자들은 이런 현상을 거품이라고 한단다.

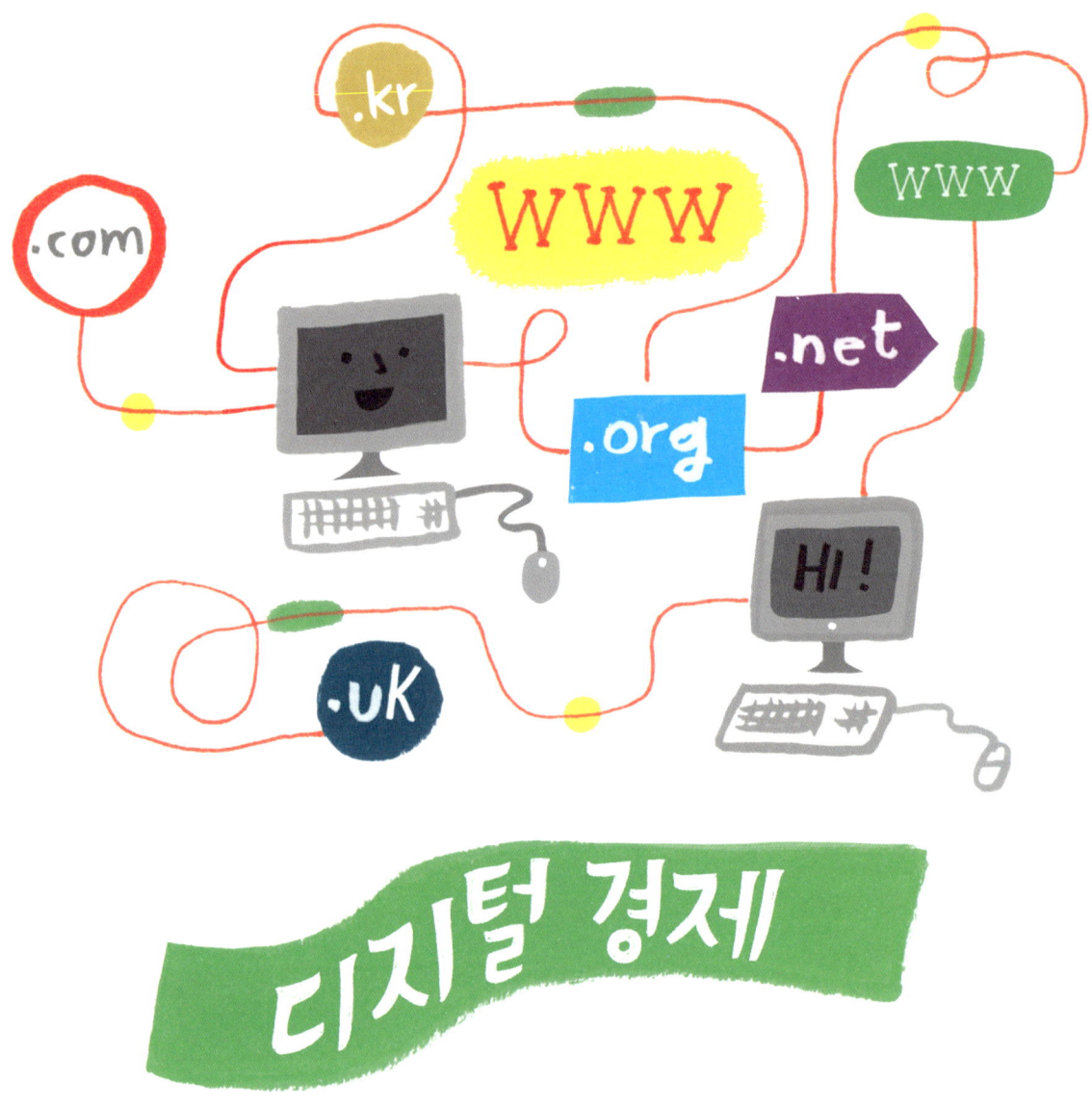

디지털 경제

불어나고 또 불어나다가 결국에는 터지고 말기 때문이지. 지난 30년 동안에도 정보 산업 거품, 부동산 거품 같은 여러 거품이 생겼다가 터졌단다. 컴퓨터 서비스, 프로그램, 웹사이트 판매가 돈을 벌어들이자 너도나도 이 분야에 투자하고, 구글 같은 크고 작은 기업들의 주식을 사들였어. 정보 산업은 0에서부터 출발했기 때문에 몇 년 동안은 아무 문제도 없었어. 그때는 소수의 사람만 컴퓨터나 광고 사이트를 가지고 있었고, 새로운 프로그램도 필요했고, 직원들에게 그런 프로그램을 가르치고 인터넷에 광고할 필요도 있었지. 하지만 어느 시점부터 이런 현상이 둔화되기 시작했단다. 시간이 지나면서 거의 모든 사람이 최신 컴퓨터를 소유하게 된 다음부터는 컴퓨터에 그렇게 많은 돈을 쓸 필요가 없어졌거든. 하지만 이른바 디지털 경제에 투자한 사람들은 뒤늦게 투자를 줄였고, 어떤 사람들은 매우 많은 돈을 잃었지. 비슷한 현상이 집값에서도 나타났단다. 그렇지만 지나친 비관론도 문제야. 만약 거품이 형성될 거라는 공포 때문에 은행이 아무에게도 돈을 빌려주지 않으면, 은행을 포함한 모든 이들이 다 가난해질 테니까."

09
투자와 토끼 가죽

"경제 할아버지?"

"응, 리사야."

"한 가지가 이해가 안 돼요."

"한 가지뿐이야?" 루프스가 놀렸어요.

"루푸스, 조용히 해." 할아버지가 나무랐어요.

"정보 산업 거품이 일어났을 때 모든 사람이 크고 작은 기업들의 주식을 사려고 했다고 말씀하셨잖아요."

"맞아, 그랬지. 어떤 부분이 이해가 안 되니?"

"하나도 모르겠어요."

경제 할아버지가 목덜미를 문지르며 잠시 생각하더니 다시 이야기했어요. "네 말이 맞아, 리사. 할아버지가 한꺼번에 너무 많은 걸 말했구나. 차근차근 설명해 줄게. 은행이 어떻게 일을 하는지는 알겠니?"

"대충이요."

"좋아. 그럼, 리사 네가 은행가인 나한테 돈을 맡기는 부분부터 다시 시작해 보자. 너는 할아버지가 돈을 안전하게 보관하고 거기다가 이자를 붙여서 불려 주기를 바라지. 은행가인 할아버지는 프랑스에 가서 토끼 가죽을 팔겠다는 루푸스처럼 꽤 괜찮은 사업 계획이 있는 사람들한테 사업 자금을 대출해 주고 그 사람들한테서 이자를 받을 거고."

"이해했어요."

"너는 매우 안전한 투자 방식을 선택한 거야. 은행은 네가 맡긴 돈에 이자를 붙여서 돌려줄 거야. 그건 거의 확실하지. 하지만 은행이 주는 이자가 높지 않아서 너의 돈이 많이 늘어나지는 않을 거야. 너는 거기에 만족할 수도 있고 아닐 수도 있어. 만약 네가 돈의 일부를 잃어버릴 위험을 감수하더라도 더 많은 돈을 벌고 싶은데, 직접 가게를 열거나 공장을 짓거나 농장을 운영하고 싶지는 않다면? 주식 시장에 네 돈을 투자할 수 있지. 주식 전문가인 조에를 찾아가는 게 도움이 될 테고."

"맞아요. 분명히 나한테 와서 조르고 뽀뽀하고 난리일 걸요."

"아니야, 조에. 그런 뜻이 아니야. 조에가 주식 전문가인데 사업을 벌이려는 사람들을 많이 안다고 해 보자. 조에는 토끼 가죽을 팔려는 루푸스도 알고, 보석 생산자와 인도에 비단을 사러 가는 선박 소유자도 알고 있지. 이들 모두 사업을 시작하려면 돈이 필요한데 친구나 은행에서 빌리기를 바라지 않아. 그 대신에 자신들이 미래에 벌어들일 돈을 나눠 주는 조건으로 다른 사람들한테 투자를 받기를 바라지. 투자하는 사람들은 사업이 성공하면 큰돈을 벌지만, 실패하면 투자한 돈을 돌려받을 수 없으니까 은행에 돈을 맡기는 것보다 훨씬 위험하지. 예를 들어, 루푸스가 자기한테 지금 100만 원을 투자하면 1년 뒤에 20만 원을 벌게 해 주겠다고 약속하는 거야. 은행에 맡기면 1년 뒤에 2만 원을 이자로 받으니까 훨씬 큰돈이지. 루푸스는 자신이 벌어들인 돈의 일부를 주겠다고 말할 수도 있어. 1년 뒤에 수익의 10퍼센트를 주겠다고 하는 거지. 사업이 잘되기만 하면 투자한 사람은 1년 뒤에 20만 원보다 더 많이 벌 수 있어. 심지어 200만 원을 벌 수도 있지. 하지만 한 푼도 못 벌 수도 있어. 왜냐하면 사업이 제자리를 잡는 데 시간이 오래 걸릴 수도 있기 때문이지. 리사는 아마도 싫다고 하겠지. 그러면 조에는 이렇게 말할 거야. '잠깐만, 리사. 네가 투자하면 루푸스가 자신의 미래 수익의 일부를 주겠다고 약속하는 문서를 줄 거야. 만약 1년 동안 기다리다 지치면 이 문서를 다른 사람한테 팔 수 있어.' 루푸스가 언젠가 큰돈

을 벌 거라고 판단하는 데다가 급할 게 없는 사람이라면 리사한테 그 문서를 살 거야. 물론, 이 사람이 이렇게 말할 수도 있지. '당신은 지금 당장 돈을 받기를 바라지요. 난 그 문서를 사는 대가로 당신한테 100만 원이 아니라 95만 원만 주겠소.' 그러면 리사와 이 사람이 흥정을 하겠지. 조에는 중간에서 조정을 할 테고. 조에는 리사가 원하는 만큼 돈을 내고 문서를 사겠다는 다른 사람을 찾을 수도 있어. 조에한테는 많은 고객이 있을 테니, 루푸스가 미래에 벌어들일 수익의 일부를 주겠다고 약속한 이 문서를 경매에 부쳐서 가장 높은 가격을 부르는 사람한테 팔 수도 있지. 어떤 사람은 100만 원보다 더 높은 가격을 부르기도 할 테고. 그러면 리사는 조금이라도 수익을 내겠지."

"고마워, 조에 언니." 리사가 말했어요.

"천만에, 리사. 나는 아무것도 하지 않았는걸." 조에가 대답했어요.

"조에는 고맙다는 말 한마디에 만족하지는 않을 거야. 리사가 번 돈의 일부를 중개료로 달라고 할 거야." 경제 할아버지가 말을 이었어요.

"역시 언니는 욕심쟁이야!" 리사가 화가 나서 말했어요.

"나는 아무것도 하지 않았다니까!" 조에가 항의했어요.

"그리고 조에는 루푸스의 문서뿐만 아니라 수많은 다른 문서들을 구매하는 사람들을 상대하지. 또한, 조에만 그런 일을 하는 게 아니야. 이런 문서들을 **증권**이라고 하고 증권을 실제로 거래하는 곳을 **증권 거래소**라고 한단다. 이곳에서 조에와 같은 일을 하는 사람들, 즉 중개인들이 만나서 협상을 하지. 지금은 실제로 만나지 않고 인터넷으로 거래하기도 해. 오늘날 각 나라에는 금융 수도로 여기는 도시가 있는데, 보통 그곳에 가장 중요한 증권 거래소가 있지. 이탈리아에서는 밀라노가 금융 수도 역할을 하지."

예를 들어:

"아, 그래서 우리가 밀라노로 이사를 온 거구나. 조에 언니가 증권 거래소에서 일하려고 했기 때문이었어! 나는 밀라노가 싫어. 시골에 사는 게 더 좋아." 리사가 말했어요.

"이사는 엄마 아빠가 결정한 거야. 나는 증권 거래소에 가지 않아. 증권 거래소가 뭔지도 모르는걸." 조에가 말했어요.

"증권 거래소를 이탈리아 말로 왜 '보르사'라고 하는지 나는 알지. 15세기에 한 이탈리아 가족이 벨기에의 브루게라는 도시로 이사했어. 이 가족은 상인들과 중개인들을 자기 집으로 불러서 거래 협상을 하도록 했어. 증권 거래소를 자기 집에 연 셈이었지. 사람들이 그들을 '보르사

가족'이라고 불렀어. 그 가족을 상징하는 문장에 주머니가 세 개 그려져 있었거든. '보르사'에 주머니라는 뜻도 있다는 거 다들 알지? 그래서 이탈리아에서는 증권 거래소를 '보르사'라고 하는 거야." 루푸스가 말했어요.

모두 깜짝 놀라서 루푸스를 바라봤어요.

"루푸스, 정말 대단해. 어떻게 그런 걸 다 아니?" 경제 할아버지는 드디어 경제학을 향한 자기의 열정을 물려받은 가족을 찾았다는 마음에 흥분해서 물었어요.

"가끔 닥치는 대로 인터넷 사전 위키피디아를 읽거든요." 루푸스가 대답했어요.

경제 할아버지의 부풀었던 기대감은 한순간에 사그라들었어요. "어쨌든 말이다." 할아버지가 다시 설명을 시작했어요. "증권의 가격만 협상하는 건 아니야. 이런 시장, 즉 금융 시장이 발전하면, 증권의 여러 요소에 대해서도 협상을 하게 된단다. 증권을 사고파는 사람들 사이에서 결정해야 할 게 많아지기 때문이지. 증권의 유효 기간, 수익률, 시간 경과에 따른 증권 가치의 변화 같은 세부 사항들을 모두 결정해야 하지. 더 자세히 설명해 보마. 다시 토끼 가죽을 생산하는 루푸스 얘기로 돌아가 볼까? 루푸스가 토끼 가죽 사업을 시작하려면 100만 원이 필요해. 루푸스는 리사가 지금 100만 원을 투자하면 1년 뒤에 수익의 일부를 주겠다고 약속했어."

"나는 루푸스 오빠에게 투자하지 않을 거예요." 리사가 말했어요.

"알겠다. 내가 그 돈을 주마." 경제 할아버지가 말했어요. "자, 이제 설명을 마저 해도 되겠지? 루푸스와 리사 사이의 거래에는 많은 세부 사항이 관계되어 있어. 그런 걸 모두 증권에 적어 넣지. 루푸스는 리사가 투자한 100만 원을 정한 기간 안에 돌려주겠다고 약속할 수도 있고, 그러지 않을 수도 있지. 또 자신이 벌어들인 수익에서 얼마큼을 리사한테 줄지도 정해야 해. 루푸스는 다른 사람들한테는 똑같은 증권을 팔지 않겠다고 약속할 수도 있고, 모두에게 공개된 경매를 진행해서 팔 수도 있어. 오늘날에는 어마어마하게 다양한 금융 상품이 있어. 서로 다른 증권들을 묶어서 팔기도 하지. 보통 투자한 돈을 돌려받을 확률이 높을수록 수익률이 낮단다. 그러니까 만약 돈을 많이 벌고 싶으면 위험을 감수해야 하고, 돈을 조금이라도 잃고 싶지 않으면 적게 버는 것에 만족해야 하는 거지. 또 금융 시장에서는 정보와 지식이 큰 차이를 만들어 낸다는 걸 알아야 해. 예를 들어 볼게. 토끼 가죽 생산자 루푸스가 조에의 중개를 받아 리사 같은 투자자들에게 증권을 팔아서 많은 돈을 받아 프랑스로 떠났어. 그런데 얼마 뒤 루푸스한테서 소식이 끊어진 거야. 루푸스의 증권을 산 사람들은 걱정했어. 루푸스한테 나쁜 일이 생겨서 자기가 투자한 돈을 영원히 되찾지 못할까 봐 두려웠던 거지. 이럴 때 어떤 사람이 루푸스한테 나쁜 일이 생겼다고 소문을 내고는 자기가 루푸스의 증권을 싼값에 사겠다고 제안했어. 불안한 사람들은 앞다퉈 증권을 팔았지. 그리고 얼마 뒤 루푸스한테서 소식이 왔어. 토끼 가죽이 엄청나게 잘 팔리고 있으며 자기한테 증권을 산 사람들은 큰돈을 벌게 될 거라는 소식이었지. 그러자 사람들이 루푸스의 증권을 서로 사겠다고 나섰어. 얼마 전에 거짓 소문을 낸 사람은 자신이 사들인 가격보다 훨씬 비싼 값에 루푸스의 증권을 팔았지."

"그건 정직하지 않은 짓이에요." 조에가 항의했어요.

"맞아. 정직하지 못하지. 그래서 오늘날에는 이런 식으로 거짓 정보를 퍼뜨리는 것을 매우 엄격하게 규제한단다. 하지만 이런 짓을 저지르지 않고도 증권의 가치를 올리거나 내릴 방법이 여전히 있어. 엄청나게 많은 증권이나 돈을 보유한 사람이 증권을 대량으로 팔거나 사서 증권의 가격을 조작할 수 있지. 왜냐하면 자기가 이런 일을 벌이면, 금융 시장에서 일어나는 일만 보고 증권을 사거나 팔거나 하는 많은 사람을 끌어들일 수 있다는 걸 알기 때문이지. 이 사람은 자기가 펼치는 이런 작전 이전과 이후의 증권 가격의 차이에서 이득을 보려고 하는 거란다. 이런 사람들은 실물 경제, 예를 들어서 루푸스의 토끼 가죽 장사가 어떻게 되고 있는지는 관심이 없어. 오로지 금융 시장에서 일어나는 일만을 바탕으로 모든 결정을 내리지. 이런 방식으로 이루어지는 거래를 투기라고 한단다. 금융 시장은 엄청난 자원이 될 수 있어. 많은 부를 만들 수도 있고, 모든 것을 파괴할 수도 있지. 루푸스는 금융 시장 덕분에

토끼 가죽 공장을 세울 수 있지만, 아무리 아름다운 가죽을 생산하더라도 금융 시장 때문에 망할 수도 있지. 왜냐하면 루푸스의 증권이 한순간에 투기에 말려들 수 있기 때문이지."

"중국인들이 쥐 가죽을 말도 안 되는 싼값에 파는 바람에 망할 수도 있어요." 조에가 말했어요.

"응? 방금 뭐라고 했니?" 경제 할아버지가 물었어요.

조에가 할아버지의 질문에 당황해서 작은 목소리로 대답했어요. "아르만도 할아버지가 그랬어요. 물론 중국인들이 쥐 가죽을 판다는 말은 제가 지어낸 거지만요."

"그래, 그런 것 같구나." 경제 할아버지가 말했어요.

"그렇지만 아르만도 할아버지가 모두 다 중국인들 탓이랬어요."

"뭐가 중국인들 탓이라는 거니?"

"모든 게요."

"사실이에요." 리사가 조에 편을 들고 나섰어요. "모든 게 중국인들이랑 세기화 탓이에요. 아르만도 할아버지가 그랬어요."

아르만도 할아버지는 아이들의 친할아버지예요. 경제 할아버지는 사돈에 대한 자신의 감정을 드러내지 않으려 애쓰며 말했어요. "리사, 세기화가 아니라 세계화란다. 세계화라는 말을 잘못 쓰는 일이 많지. 세계화가 뭔지 설명해 주는 게 좋겠구나."

⑩ 세계는 작다

"최근 20년 동안 세계는 그 이전 2000년보다 훨씬 많이 변했단다. 세계가 작아졌다고 할 수 있지." 경제 할아버지가 말했어요. "통신과 무역뿐만 아니라 사람들이 이동하는 것도 옛날보다 훨씬 쉬워졌어. 이제 지구는 거의 한 마을이나 마찬가지야. 모든 사람이 서로 알고, 공통점도 많고, 서로가 서로한테 의존하게 되었어. 경제, 정치, 통신뿐만 아니라 자연환경에 일어나는 모든 일이 전 지구에 영향을 미친단다. 전 세계가 영향을 받는다는 거지. 국경은 점점 의미가 없어지고 있어. 상호의존성의 정도가 아주 높아졌지. 모두가 모두와 연결되어 있는 거란다. 할아버지가 말하려는 것을 아주 잘 보여 주는 예가 바로 인터넷을 가리키는 말인 월드 와이드 웹(World Wide Web. 인터넷을 가리키는 말로 흔히 보는 'WWW'가 바로 월드 와이드 웹의 약자.)이란다. 세계 전체만큼 넓은 그물망이라는 뜻이지. 이론적으로는 월드 와이드 웹에 접속한 사람들끼리는 아무리 멀리 떨어져 있어도 아주 적은 돈을 내거나 무료로 실시간으로 연락을 주고받을 수 있단다."

"조에 언니는 뉴질랜드에 사는 남자애랑 연락을 주고받아요. '잘 자.', '나 배고파.', '거긴 날씨가 어때?', '강아지를 봤어.' 이런 쓸데없는 것까지 보낸다니까요. 둘이 사귀는 것 같아요!" 리사가 말했어요.

"아니야!"

"괜찮아. 그냥 친구 사이라고 해도 여전히 흥미롭구나. 이렇게 바로

 바로 연락을 주고받을 수 있는 능력이 친구를 사귀는 방식도 변화시키지만, 일하는 방식, 제품 생산과 서비스 제공 방식 그리고 부를 창출하는 방식까지 변화시킨단다. 예를 들어, 조에와 뉴질랜드 친구가 둘이서 어떤 물건의 새로운 모델을 만든다고 해 보자. 음, 뭐가 좋을까?"
 "머리 건조기요. 그거라면 누나가 전문가예요." 루푸스가 말했어요.
 "거짓말하지 마!"
 "그건 중요하지 않아. 그냥 예로 들어 설명하려는 거야. 조에와 뉴질랜드 친구가 새로운 머리 건조기를 설계한다고 해 보자. 뉴질랜드 친구는 기술적인 부분을 맡고 조에는 디자인을 맡는 거야. 그 반대도 괜찮고. 둘은 직접 만나지 않고도 이 일을 할 수 있어. 또, 교통, 그러니까 경제학자들의 말로는 물적 유통의 발전과 산업 구성 요소들이 극도로 전문화되어 있어서……."

"흠! 흠!"

"왜 그러니, 리사?"

"이해를 못 하겠어요."

"미안해. 다시 설명하마. 한 제품에 들어가는 부품을 처음부터 끝까지 모두 제작하는 공장은 점점 줄어들고 있어. 조에가 쓰는 머리 건조기도 그렇지. 오늘날에는 한 제품에 들어가는 부품들을 서로 다른 공장에서 생산하는 일이 많단다. 심지어 서로 다른 국가나 대륙에 있는 공장에서 만들기도 하지. 그렇게 생산한 부품들을 또 다른 공장에서 조립해서 완성품을 만들지. 물론, 이렇게 일할 수 있는 건 부품들을 한 장소에서 다른 장소로 운반하는 일이 쉽고 비용도 싸기 때문이지. 게다가 인터넷 덕분에 한 사무실에서 다른 사무실로 정보를 손쉽게 주고받을 수 있어. 다시 조에와 뉴질랜드 친구가 함께 만들 머리 건조기 이야기로 돌아가 볼까. 머리 건조기 설계는 이탈리아와 뉴질랜드에서 하고, 부품들은 인도, 루마니아, 프랑스, 브라질에서 생산하고, 마지막으로 독일의 공장에서 부품들을 모아 조립할 거야. 부품을 생산하는 모든 공장 중에서 가장 좋은 품질과 가장 낮은 가격을 제시하는 공장을 선택할 수 있기 때문에 이렇게 하는 거란다. 여러 국가 사이에 맺은 무역 협정 덕분에 이런 일이 가능해졌어. 무역 협정에는 한 나라에서 생산한 제품을 다른 나라로 운송하여 판매할 때 내야 하는 세금을 낮추거나 없애는 규정이 포함되어 있지. 세계를 둘로 나누었던 정치 이념 대결이 끝나면서 이런 변화가 더욱 빨라졌어. 1989년까지는 소련(오늘날의 러시아와 주변 국가로 구성되었던 소비에트 사회주의 연방 공화국.)을 중심으로 한 공산주의 국가들과 미국을 중심으로 한 자본주의 국가들이 둘로 나뉘어 대결을 펼쳤어. 서로 상대를 위협할 무기를 개발하고 무역을 방해하곤 했단다."

"그렇다면 세계화가 지구의 평화인 거네요?" 리사가 물었어요.

"그렇다면 얼마나 좋겠니? 그렇기만 하다면 말이야. 하지만 그렇지는 않단다. 세계에서 무기가 가장 많은 국가인 미국과 러시아가 큰 전쟁을 일으킬 가능성은 낮아. 하지만 여전히 문제는 있어. 작은 전쟁들은 계속 일어나고 있단다. 자, 전쟁 이야기는 이쯤 하고, 세계화가 이전의 현상들과 달리 뭐가 그렇게 중요하고 새로운지 이해해 보자. 인류

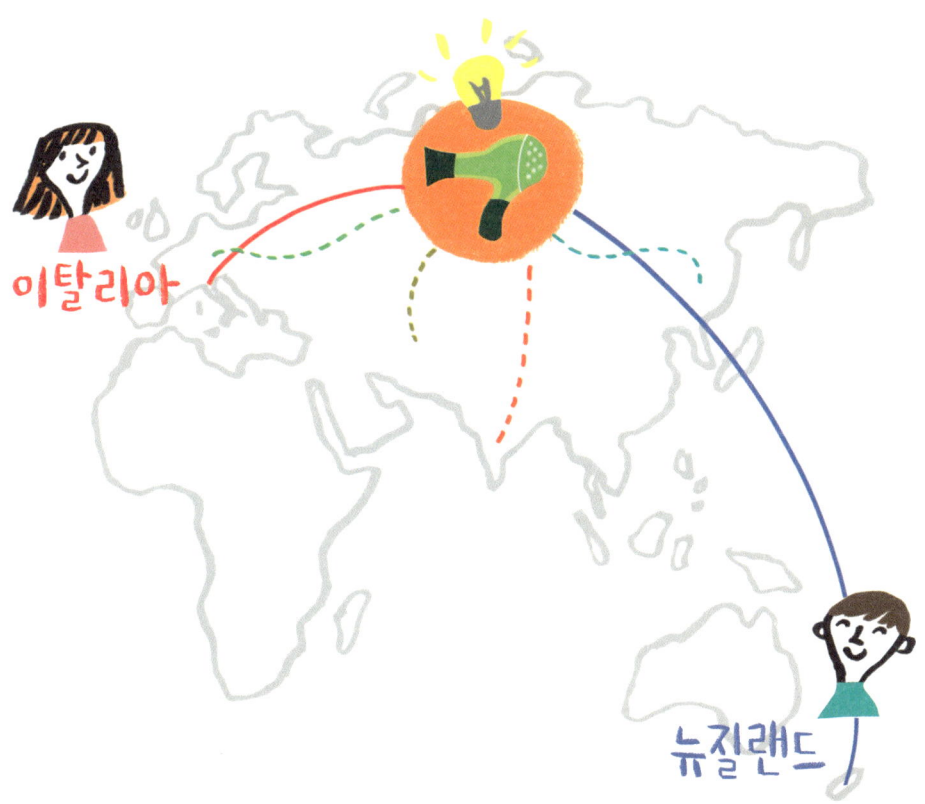

는 수천 년 전부터 지구의 이곳저곳에 흩어져서 살아왔어. 흩어져 살던 집단 사이에 늘 접촉이 있기는 했지. 하지만 현재와 비교하면 집단들끼리 훨씬 고립되어 있었어. 각 지역 사회는 자급자족 생활을 했기 때문에 먹을 것에서부터 도구까지, 필요한 건 모두 스스로 생산했어. 물론 당시에도 특별히 귀한 물건들은 대륙과 대륙을 오가기도 했지. 청금석 같은 보석도 귀했고, 냉장 기술이 없던 시절에는 신선하지 못한 고기에서 나는 비린내를 감추어 주는 향신료도 아주 귀했지. 하지만 이런 것들은 소수의 사람만 쓰는 사치품이었어.

중세 이후에는 세계의 여러 지역 사이에 물자 이동이 눈에 띄게 늘어났지만, 여전히 제한적이었어. 가장 부유했던 국가들, 예를 들어 스페인처럼 해군력이 막강했던 유럽 국가들이 다른 지역에 풍부한 원재료와 노동력을 가져갔단다. 아프리카에서는 노예를, 남아메리카에서는 금과 카카오를 가져갔지. 내가 방금 '가져갔다'고 했지만 사실은 '납치'하거나 '도둑질'을 한 거였단다. 이 이야기는 따로 할 기회가 있을 거야. 산업 혁명이 일어나면서 유럽 국가들은 철, 석탄, 양털, 면, 여러 종류의 금속 같은 원재료들이 훨씬 더 많이 필요했어. 하지만 각 나라에서 세운 공장들은 여전히 주로 국내 시장에서 팔 것들을 만들었단다. 식민지를 많이 소유했던 영국 같은 나라도 원재료를 식민지에서 가져와서는 국내에서 가공해서 국내 시장에서 판매했어. 인도 같은 식민지들은 너무나도 가난해서 엄청나게 비싼 영국산 제품을 사고파는 시장이 생길 수 없었거든. 19세기가 되어서야 본격적으로 국제 무역이 이루어지기 시작했단다. 이때에는 유럽 전체와 미국까지 산업화가 되어서 **수입**과 **수출**이 경제의 핵심 요소가 되었지. 그럼에도 불구하고 이때의 무역은 여전히 국가와 국가 사이에서 이루어지는 교환이었단다. 한 국가의 공장에서 만든 제품을 다른 국가에 가져다가 파는 식이었지.

지난 30년 동안 세계화가 이루어지면서 이전에는 없던 **다국적 기업**들이 생겨났단다. 한 기업이 다섯 나라에 공장 다섯 개를 짓고, 여섯 나라에서 부품을 사들여서 만든 제품을 서른 나라에 팔고, 세 나라에 지사를 두고, 열다섯 나라에 흩어져 사는 사람들이 이 기업을 소유하는 식이 된 거지. 각 제품도 다국적인 성격을 갖게 되었어. 휴대 전화에 들어가는 부품을 만든 나라들을 모두 표시하면, 사람들은 자기가 손에 든 물건이 거의 전 세계 사람들이 만든 거라는 사실을 알고는 깜짝 놀랄 거야. 과거에는 이런 현상이 일어난 적이 없었단다. 보통 때에는 세계화의 영향을 잘 느끼지 못하지만, 무언가 일이 잘못되면 금방 알아차리게 되지. 예를 들어, 이름도 잘 모르는 한 나라에서 지진이나 전쟁, 혹은 테러 공격 같은 심각한 일이 일어나면, 우리는 그 나라가 우리가 늘 사용하는 제품을 만드는 공급 사슬에서 필수적이라는 것을 알게 돼. 그런 일이 일어나면 그 제품이 슈퍼마켓 판매대에서 금방 사라지기 때문이지."

"무슨 사슬이라고요?" 리사가 물었어요.

"**공급 사슬**이란다." 경제 할아버지가 대답했어요. "원재료부터 시작해서 제품이 판매될 때까지 하나로 연결된 모든 과정을 가리키는 말이지. 휴대 전화의 공급 사슬에는 남아프리카의 보크사이트(알루미늄의 원료가 되는 광석. 철반석이라고도 함.) 광산과 중국의 조립 공장, 그리고 뉴욕에서 최신 모델에 이름을 붙이는 일을 하는 사람까지 포함된단다. 세계화된 지구는 상호 의존적이야. 한 나라에서 문제가 생기면 그 나라와 연결된 다른 모든 나라에도 영향이 미친단다. 그것도 몇 개월 혹은 몇 년 뒤가 아니라 당장 그렇게 되지. 각 나라는 독립되어 있고 자주적이어서 자기 영토에 적용할 법을 자유롭게 만들 수 있어. 거의 200개나 되는 이런 나라들이 서로 의존적으로 묶여 있다 보니 가끔 이전에 없던 낯선 문제가 생긴단다. 정책이라는 말 들어 봤니? 정책이 뭐냐 하면, 한 나라의 사람들이 정부에서 일할 사람들을 선택하는 방법과 그렇게 구성된 정부가 공공의 문제를 해결하는 방식이야. 그런데 경제와 기술의 변화는, 좋든 나쁘든, 정책의 변화보다 더 빠르게 진행돼.

이 부분이 바로 세계화에서 우려되는 측면이란다. 어떤 나라에서는 민주적으로 선출되지 않은 사람들이 재산의 힘으로 경제 정책을 마음

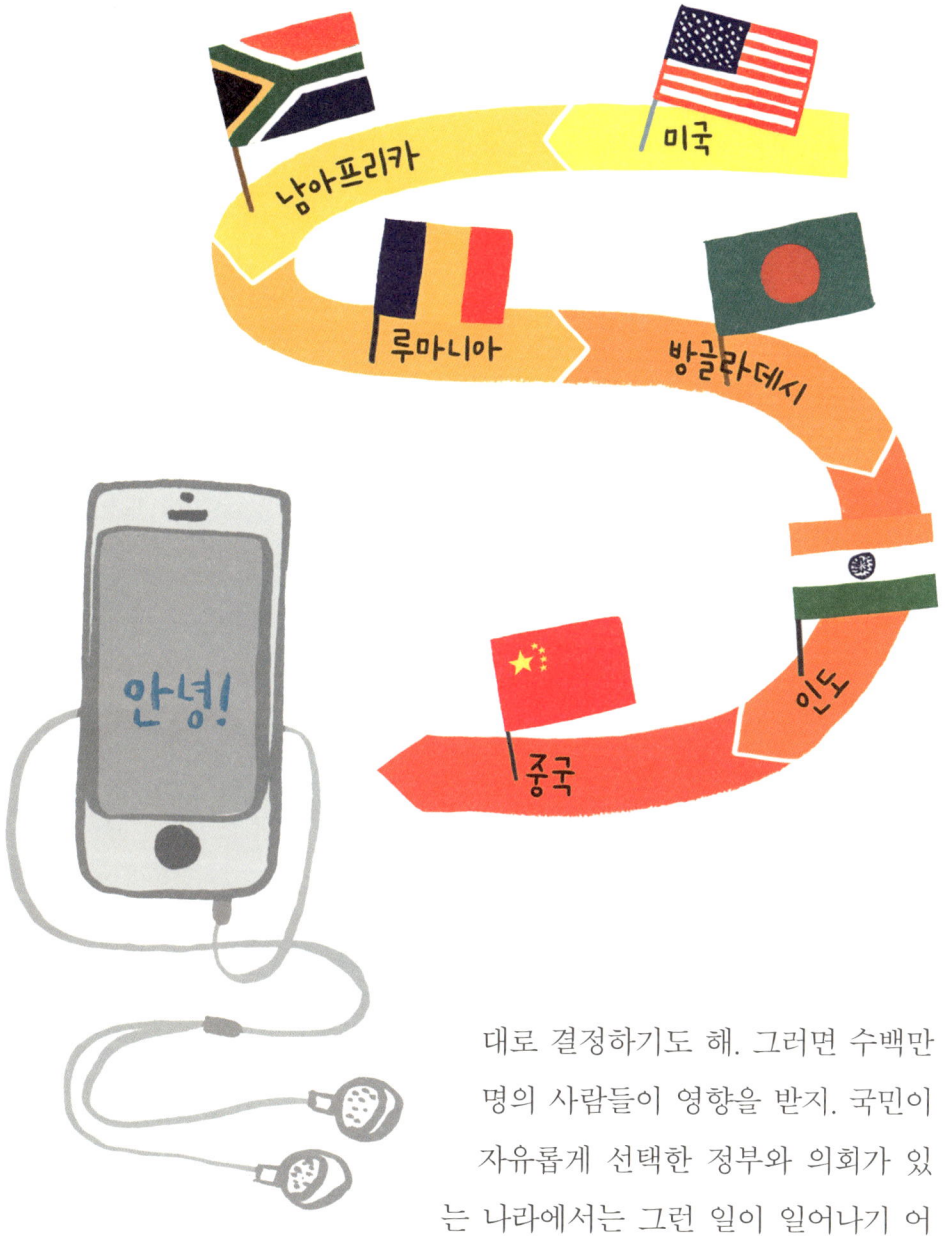

대로 결정하기도 해. 그러면 수백만 명의 사람들이 영향을 받지. 국민이 자유롭게 선택한 정부와 의회가 있는 나라에서는 그런 일이 일어나기 어렵단다. 그럼에도 불구하고 할아버지는 세계화가 부정적인 면보다는 긍정적인 면이 더 많다고 확신한단다."

"아르만도 할아버지가 들으시면 중국 젓가락으로 할아버지의 눈을 찌를 거예요." 리사가 불쑥 말했어요.

"다음번에 아르만도 할아버지를 만날 때 너희가 중국 젓가락을 먼저 뺏어 주면, 내가 잘 설명해 보마." 경제 할아버지가 말했어요.

"잘해 보세요." 루푸스가 말했어요.

"아르만도 할아버지를 만나면, 산업화가 거의 이루어지지 않은 가난한 지역들도 지난 30년 동안에 현대 경제의 영향 속으로 들어왔다는 걸 알려 줄 거야. 우리는 역사상 처음으로 세계 경제가 동시에 성장하는 걸 경험하고 있단다. 지난 세기에는 어떤 나라는 성장하고 어떤 나라는 위축되었지. 동시 성장은 이로운 현상이지만 문제도 있어. 이로운 점 가운데 하나는, 부유한 국가들의 부자들과 여전히 굶주림으로 고통받

사회 자본

는 가난한 국가들의 가난한 사람들 사이에 존재하는 극단적인 불평등이 감소했다는 거야. 이탈리아에는 수도, 병원, 학교 같은 시설이 이미 오래전부터 있었어. 경제학자들은 이런 걸 사회 자본이라고 하는데, 동시 성장 덕분에 사회 자본이 전혀 없던 지역들에까지 생기기 시작했단다. 하지만 나라들 사이에 존재하던 극단적인 차이가 줄어든다고 해서, 한 나라 안에 존재하는 차이들도 저절로 줄어들지는 않아. 경제가 빠르게 성장하는 일부 나라에서는 소수의 사람은 빠르게 부자가 되고, 반면에 나머지 사람들의 재산은 아주 천천히 늘어나고 있지. 더 큰 문제는 환경과 건강 같은 공동 자원을 지키는 일이야. 얼마 전까지 매우 가난했던 어떤 나라들에서는 산업화가 진행되면서 환경이 끔찍하게 오

염되고 있어. 또한, 노동자들한테는 아주 적은 임금만 주고 오랜 시간 일을 시켜서 노동자들의 건강이 심각하게 위협받고 있단다. 심지어 아이들에게 일을 시키는 곳도 있지."

"아이들한테요?" 리사가 놀라서 물었어요.

"안타깝게도 그렇단다. 하지만 아이들이 위험한 상황에서 노동하는 것은 세계화 때문에 일어난 일은 아니야. 어린이 노동은 인류의 역사만큼이나 오래된 일이란다. 오히려 세계화 덕분에 이런 문제들을 더 쉽게 알아차리게 되었고 거기에 반대할 수단도 더 많아졌어. 인터넷이 생긴 뒤로 실시간으로 서로 소식을 주고받을 수 있게 되었다고 했던 거 기억나지? 인터넷은 부당한 일에 반대하는 국제적인 운동에도 쓰일 수 있어. 서로 만나지 않고도 가상 커뮤니티를 만들어 함께 행동할 수 있지. 예를 들어, 전 세계의 소비자들에게 아이들에게 일을 시키는 공장에서 생산된 제품을 사지 말자는 정보를 알려 줄 수 있단다. 이런 운동이 성공을 거둔 일이 많아. 물론, 그렇게 하려면 게으름 피우지 말고 열심히 정보를 찾고 배워야 하겠지. 만약 인터넷 같은 네트워크로 연예인의 사

생활 이야기나 야한 사진만 퍼뜨린다면 이런 훌륭한 진보는 이루어지지 않을 거야."

"조에 언니, 잘 알았지?" 리사가 말했어요.

"나는 야한 사진이나 퍼뜨리는 일 같은 건 절대 안 해." 조에가 쏘아붙였어요.

"암, 그래야지." 경제 할아버지가 말했어요. "그럼, 이제 할아버지가 이야기를 끝마치게 해 줄래. 세계화에 대해 마지막으로 할 말이 있거든. 바로 감염 위험이란다. 이 단어는 사실 의학 용어에서 온 거야. 질병을 앓는 사람은 다른 사람을 감염시킬 수 있어. 건강한 사람을 아프게 하는 거지. 지구적인 상호 의존성 때문에 한 국가의 문제가 다른 국가들에 쉽게 영향을 미친다고 했던 거 기억하고 있지? 이 때문에 금융

시장에서는 서로 비슷하거나 서로 연결된 나라들의 경제 성적표와 전망을 늘 주고받는단다. 한 나라의 경제에서 생긴 문제가 다른 나라로, 또 그 나라에서 또 다른 나라로 전염될 가능성을 늘 살펴보는 거지. 하지만 여러 나라가 어떤 점에서는 서로 비슷하고 또 어떤 점에서는 서로 다르다는 사실을 잊어버릴 때가 많단다. 그래서 이런 예측이 항상 들어맞는 것은 아니지만, 금융 위기 상황에서는 이런 예측이 더 중요해. 금융 위기가 무엇인지 이제부터 이야기해 줄게."

⑪ 위기, 위기, 위기!

경제 할아버지가 위기라는 말을 내뱉자마자 유령 같은 번개가 거실을 환하게 밝혔어요. 곧이어 천둥소리에 창문이 부르르 떨었어요.

리사가 몸을 떨며 경제 할아버지한테 찰싹 달라붙었어요. "할아버지, 무서워요." 리사가 나직하게 말했어요.

"우리 꼬맹이, 무서워할 것 없어. 폭풍우일 뿐인걸. 금방 지나갈 거야. 위기도 그렇지." 할아버지가 말했어요.

리사는 믿지 못하겠다는 얼굴이었어요. 나머지 두 아이도요. 바람은 여전히 무섭게 울부짖었고 몇 시간째 정전이 이어지고 있었으니까요.

"무언가에 대한 두려움을 이기려면 우선 그게 무엇인지 이해해야 한

단다. 할아버지가 폭풍이 무엇인지 이해시킬 자신은 없구나. 하지만 경제 위기가 무엇인지는 잘 이해시킬 수 있지. 경제 위기가 물리칠 수 없는 괴물이 아니라는 걸 말이다."

"그래도 할아버지한테 계속 안겨 있을래요." 리사가 말했어요.

"얼마든지 그렇게 하렴." 경제 할아버지가 대답했어요. "먼저, 자주 일어나는 안 좋은 사건들과 위기를 구분해 보자. 어떤 가족은 빚이 너무 많아서 소비를 줄여야 해. 내가 일하는 공장에서 만드는 제품과 똑같은 걸 생산하는 공장이 생겼는데, 품질도 좋고 가격도 싸. 결국 우리 공장 제품이 점점 덜 팔리게 되어서 나는 결국 직업을 잃게 되었어. 보통 이런 불행한 일들 다음에는 기쁜 일이 찾아오지. 빚이 많은 가족은 가게를 열려고 빚을 진 거였는데 시간이 흘러 많은 돈을 벌게 되었어. 새 공장의 사업이 아주 잘돼서 나도 그 공장에서 일하게 되었지. 한 기업이 문을 닫고, 다른 기업이 새로 문을 여는 일은 정상이야. 자연에서도 어떤 동물은 죽고 어떤 동물은 새로 태어나잖니. 날마다 좋은 소식과 함께 나쁜 소식이 들려온다고 걱정할 필요는 없어. 적어도 좋은 소식이 나쁜 소식보다 많을 때까진 그럴 필요가 없지. 하지만 모든 것이 한꺼번에 잘못되어 가는 것 같고, 자꾸만 나쁜 소식들만 들려오면, 위기가 온 거란다. 무척 심각하고 나쁜 일이 일어나서 사람들이 돈을 잃고, 직장을 잃고, 새로운 직장도 찾을 수 없는 상태를 가리켜 위기라고 하지.

위기라는 뜻의 이탈리아어 '크리시'는 고대 그리스어에서 온 것인데, 원래는 나쁜 쪽이든 좋은 쪽이든 급진적인 변화를 뜻했단다. 하지만 오늘날에는 '나는 위기를 겪고 있어.' 혹은 '위기가 왔어.'라고 말하면, 빨리 지나가지도 않고 쉽게 지나가지도 않는 나쁜 일이 일어났다

는 뜻이지. 이제 사람들은 경제 위기라고 하면, 많은 기업이 동시에 무너지고, 공장과 가게가 문을 닫고, 새로 공장과 가게가 문을 열지도 않고, 많은 사람이 가난해져서 제대로 된 옷, 건강한 식품, 약품 같은 것들을 구하기 어렵게 되는 상황을 떠올리지. 많은 문제가 해결되지 않은 채로 점점 쌓이고 커지면 위기가 발생한단다.

예를 들어, 내가 일하던 가게가 문을 닫아서 월급을 못 받으면 나는 돈을 더 아껴 쓸 거야. 나와 같은 처지에 놓인 사람들도 나처럼 하면 다른 가게들도 문을 닫겠지. 물론, 가장 좋은 것은 위기가 안 일어나게 하는 거야. 너무 많은 문제가 차곡차곡 쌓여서 한꺼번에 터지기 전에 하나씩 해결하면 좋겠지. 하지만 언제나 그럴 수는 없어. 사람들이 미래에 다가올 일을 예측하지 못할 때가 많기 때문이지. 음식이 풍족할 때, 너무 많이 먹어서 배앓이를 하거나 나중에 굶주리는 상황을 미리 방지하면 좋을 텐데 말이야. 하지만 배앓이를 할 때, 나중에라도 왜 그렇게 되었는지 알아내는 게 중요해. 의학에서는 이런 일을 진단이라고 하는데, 제대로 진단해야 알맞은 치료법을 빨리 찾을 수 있지. 그러지 않으면 치료 기간이 훨씬 늘어나. 경제 위기도 마찬가지지. 아마 너희도 들어 봤을 거야. 최근 경제 위기는 2007년에 시작되어서 나라에 따라 강도가 다르기는 했지만, 전 세계에 영향을 미쳤어. 이 위기가 발생한 데에는 여러 가지 원인과 문제가 있지만, 주요 원인은 세 가지야. 투기, 빚, 경기 변동이야."

"할아버지, 그거 아세요?"

"뭐 말이니, 리사?"

"이제 좀 덜 무서워요."

"그것참, 잘됐구나. 이제 이야기를 계속해도 되겠니?"

리사는 할아버지를 꽉 움켜쥐고 있던 손을 조금 느슨하게 풀며 고개를 끄덕였어요.

"먼저, 투기부터 이야기해 볼까? 오늘날 사업을 해서 돈을 벌려면 두 가지 경제 범주가 어떻게 상호 작용을 하는지 알아야 해. 두 가지가 뭐냐 하면, 사업가와 금융 기관이란다. 프랑스에 가서 토끼 가죽을 팔려고 했던 루푸스와 루푸스의 증권을 경매에 부쳤던 조에 이야기 기억하니? 이 이야기에서 루푸스가 사업가이고 조에는 금융 기관이야. 보통, 사업가들은 몇 년 뒤의 결과를 내다보고 결정을 내려. 반면에 금융 기관들은 증권의 가격이 올라가는지 내려가는지에 따라 그때그때 증권을 팔지 살지 결정하지. 사업가는 10년 뒤 세상이 어떨지 제대로 예측하면 돈을 벌 거고, 금융 기관은 10분 뒤에 금융 시장이 어떻게 될지 제대로 예측하면 돈을 벌 거야. 사업가는 멀리 내다볼 수 있는 장기적 안목이 필요하고, 금융 기관은 가까운 시간 안에 일어나는 일을 잘 보는 단기적 안목이 필요하지. 경제 분야에서 날마다 일어나는 모든 일은 경제의 두 엔진인 사업가와 금융 기관이 만나고 부딪히는 상호 작용에 따라서 일어난단다. 두 엔진은 여러 나라의 정부가 하는 일도 염두에 두면서 결정을 내리지. 한 나라의 정부는 모두한테 이익이 되는 규칙들을 정하고 지키도록 해야 해. 경제에서는 장기적으로 내다보는 사업가와 단기적인 이익을 좇는 금융 기관이 균형을 이루도록 해야 하지. 그런데 지난 몇 년 동안에는 금융 기관의 힘이 장기적으로 내다보

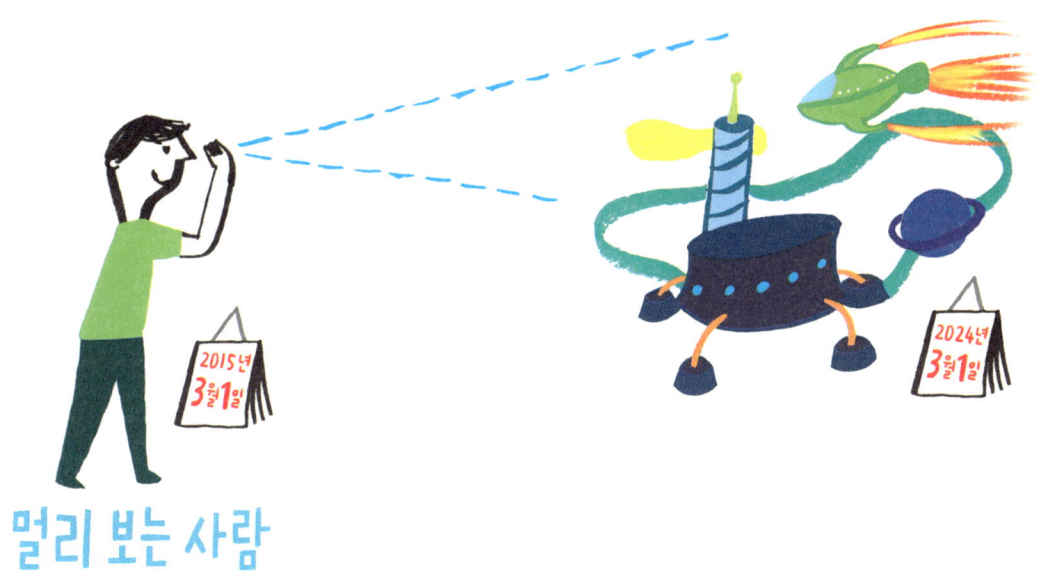

멀리 보는 사람

는 사업가들의 힘보다 훨씬 컸단다. 조에와 친구 투기자들이 자기들이 원하는 대로 루푸스의 증권 가격이 오르거나 내리게 했던 거지. 아무도 그들에게 가격이 바뀌는 까닭을 설명해 달라고 하지 않았고, 토끼 가죽의 판매량과 증권 가격 사이에 어떤 연관성이 있는지 묻지도 않았단다. 조에는 루푸스의 가죽이 몹시 더운 나라들까지 포함해서 전 세계로 팔려 나갈 것처럼 말했어. 그래서 사람들이 매우 비싼 가격에 루푸스의

눈앞만 보는 사람

증권을 사도록 설득할 수 있었지. 그런데 어느 순간 누군가 무언가 이상하다는 것을 알게 되었어. 루푸스의 증권을 샀던 모든 이들은 속았다는 걸 알고 증권을 팔아 버리기로 했단다. 결국, 루푸스의 증권 가격은 실제 가치보다 훨씬 더 내려가게 되었지."

"루푸스 오빠가 불쌍해……." 리사가 말했어요.

"토끼들한테는 잘된 일인지도 몰라요." 루푸스가 말했어요. "난 토끼 가죽 벗기는 게 재미있지만, 토끼들은 아닐걸요."

"루푸스!" 조에가 버럭 소리를 질렀어요.

"토끼 가죽을 어디서 벗겼는데? 설마 우리 집에서 한 건 아니지?" 리사가 훌쩍이며 물었어요.

"오빠가 농담한 것 같구나. 루푸스, 너 실제로 토끼 가죽을 벗긴 건 아니지? 그렇지?" 경제 할아버지가 의심스러운 목소리로 물었어요.

"그럼요. 안타깝게도 그럴 기회가 없었어요." 루푸스가 대답했어요.

"좋아. 그럼 위기를 일으키는 두 번째 주요 원인으로 넘어가 볼까. 바로 빚이란다. 가정이나 회사와 같은 개인들의 빚이 있고, 공공 부채 혹은 국가 부채라고 부르는 나랏빚이 있단다. 이상하게 들릴 테지만, 국가도 돈을 빌린단다. 주로 국민들한테 빌리는데 개인들과 마찬가지로 이자를 얹어서 돌려주어야 하지. 개인들이 국가에 빌려준 돈은 유용한 일에 쓰일 수 있단다. 예를 들어 국가는 철도나 도로를 건설해 사람과 물품의 이동이 수월하게 할 수도 있고, 대학교를 세워 수익성이 높고 자격이 필요한 어려운 일을 해낼 인재를 길러 낼 수도 있지. 하지만 주민들에게는 불필요한 데 돈을 쓰려고 국가가 계속 빚을 내는 일도 일어난단다. 국가가 세금을 그렇게 쓰는 일도 가끔 일어난다고 이야기했지? 그렇게 되면 부채가 점점 쌓이게 되고, 그만큼 갚기도 어려워지지.

그렇게 해서 국가가 빚을 갚을 능력이 의심스러워지면, 사람들은 더는 돈을 빌려주지 않으려고 하지. 그럼 결국 더 높은 이자를 주겠다고 할 수밖에 없는데, 그러면 미래에 갚아야 할 빚이 더 늘어나게 된단다. 게다가 국가가 돈을 빌렸다는 것을 증명하려고 사람들한테 준 문서인 채권의 가치가 내려가기 때문에, 먼저 돈을 빌려준 사람들도 돈을 잃게 되지. 그렇게 되면, 국가는 실업자처럼 어려운 상황에 놓인 사람들을 돕거나, 정말로 필요한 비용을 지속해서 감당하거나, 기업들에 새로운 일감을 줄 공공사업을 벌이거나, 세금을 내리는 일도 하기 어렵지.

요즘 우리가 겪고 있는 위기가 아주 커지면 대공황이 된단다. 예를 들어, 1929년에 일어난 대공황은 미국에서 시작해 전 세계를 감염시켰어. 이런 큰 위기들은 종종 금융 위기로부터 시작되는데, 개인들이 돈을 갚지 못해서 은행이 파산하고 이는 다시 기업과 가정에 영향을 미치는 거지. 현재 위기는 미국의 많은 은행이 빚을 갚을 능력이 있는지 따져 보지도 않은 채 미국 가정들에 집을 살 돈을 빌려준 것에서부터 시작되었어. 사람들은 주택 가격이 오를 거라는 근거 없는 낙관론에 취해서 잘못된 투자를 했고, 엄격한 규제도 이루어지지 않았단다. 그래서 결국에는 금융 위기가 왔는데, 국가가 위기를 제대로 처리하지 못했어.

왜냐하면 국가도 빚을 너무 많이 지고 있었기 때문이지. 이렇게 두 가지 불균형 현상이 동시에 일어나면 일이 점점 나쁜 쪽으로 흘러간단다. 요즘 상황을 보면, 실제로 실업자는 너무 많고, 많은 기업이 문을 닫고, 많은 가정이 점점 가난해지고 있잖니. 우리는 지금 두 명의 적으로부터 동시에 공격을 받는 셈이야. 한 명씩 차례대로 공격하면 물리치기가 더 쉬울 텐데 말이다."

"맞아요. 엄마 아빠는 너무해요. 동생이 한 명이었다면 어떻게든 참을 만했을 거예요. 그런데 두 명이라니요!" 조에가 말했어요.

"못됐어!" 리사가 받아쳤어요.

"뱀파이어 투기꾼 같으니라고!" 루푸스가 말했어요.

"자자, 서로 좋은 말을 써야지." 경제 할아버지가 아이들을 말렸어요. "그리고 제발 할아버지가 마저 말하게 해 주렴. 현재 위기를 발생시킨 세 번째 주요 원인이 있단다. 바로 경기 변동이야. 경제학자들은 경제가 확장되어 소득과 고용이 늘어나는 시기가 있고, 반대로 경제가 위축되어 소득이나 고용이 줄어드는 시기가 있다는 사실에 별로 놀라지 않는단다. 경제가 위축하기 시작하면 후퇴기 또는 불경기에 들어섰

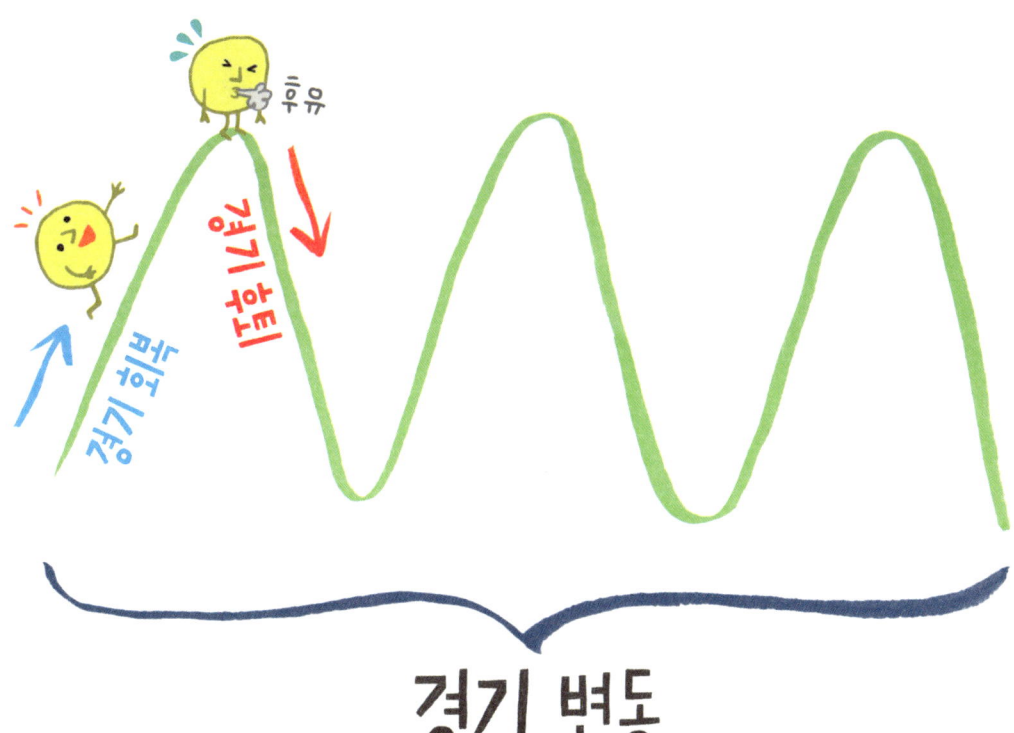

다고 하고, 다시 성장하기 시작하면 회복기 또는 호경기에 들어섰다고 한단다. 성경에도 비슷한 이야기가 나와. 사람들이 농경과 목축으로 살아가던 몇천 년 전의 이야기인데, 나일 강 가에서 풀을 뜯는 살진 암소 일곱 마리를 나일 강에서 나온 비쩍 마른 암소 일곱 마리가 잡아먹는 내용이야.

만약 국가가 사회 안전망을 제대로 갖추면 후퇴기에도 아주 심각한 일이 벌어지지는 않아. 예를 들어, 국가가 실업자들에게 돈을 주거나 어려움에 부닥친 사람들을 도와줄 준비가 되어 있다면 말이지. 이런 것이 사람들이 경제적으로 힘든 상황으로 떨어질 때 충격을 줄여 주어서 사회 안전망이라고 하는 거란다. 민주 국가는 모두 어느 정도는 사

　회 안전망을 갖추고 있어. 정의와 연대를 위해서 그렇게 하는 거야. 또, 누군가 넘어질 때 무언가 받쳐 주어서 뼈가 부러지지 않으면 빨리 스스로 일어서서 두 다리로 걷기가 훨씬 쉽기 때문이지.

　가난으로 추락하는 사람한테도 마찬가지란다. 만약 직업을 잃자마자 비참한 상태에 놓이게 되면, 사람들이 다른 직업을 찾기 위해 새로운 걸 배우거나 새로운 사업을 구상하는 것이 어려울 거야. 왜냐하면 하루하루 살아가는 것만도 너무나 벅찰 테니까. 정부가 경기 후퇴기의 부정적인 효과를 줄이는 또 다른 길은 확대 경제 정책이란다."

　"사람들을 안아 주는 건가요?" 조에가 농담을 했어요. 하지만 아무도 재미있어하지 않았지요.

　"부를 늘리려는 정책이기 때문에 확대 경제 정책이라고 하는 거란다." 경제 할아버지가 조금 짜증스러운 목소리로 꼭 집어서 말했어요. "국가는 두 가지 기본적인 확대 정책 가운데 하나를 고를 수 있어. 국가의 수입을 줄이거나 지출을 늘리는 두 정책 가운데 하나를 선택하는 거지. 국가가 세금을 낮추면 사람들의 주머니에 돈이 더 많이 남게 되지. 혹은 도로, 철도, 학교와 같은 공공사업에 돈을 대거나, 정부 기관과 군대, 경찰, 정부 부처에 사람들을 더 많이 고용함으로써 사람들에게 직접 돈을 줄 수도 있단다. 이런 정책은 진짜 큰 위기나 보통 위기 때뿐 아니라 경기 후퇴기에도 도움이 된단다.
　왜냐하면 후퇴기에도 약한 기업들은 문을 닫게 되고, 그에 따라서 일자리를 잃은 사람들이 가난해지기 때문이지. 만약 후퇴기에 일자리를 잃은 사람들을 국가가 돕지 않거나 사회 안전망이 없으면, 후퇴기가 진짜 위기로 이어질 거야. 더욱더 해결하기 어려운 상황이 오는 거지. 사회 안전망이 없는 나라에 사는 사람들은 경기 후퇴기에는 너무 가난해

져서 한 푼도 저축하지 못해. 그래서 세계 경제가 후퇴기에서 벗어나 경기 변동에 따라 다시 성장할 때에도 소비와 생산을 위해 돈을 쓸 수 없단다. 결국에는 나라 전체가 회복기에 들어서지 못하고 말지."

경제 할아버지가 말을 끝내자마자 또다시 천둥소리가 들려왔어요. 그렇지만 이번에는 멀리서 들려오는 약한 소리였어요. 리사도 살짝 웃었어요. 그러더니 무언가 슬픈 일이 생각났는지 이렇게 말했어요. "모든 게 다 유로화 때문이에요."

"누가 그런 말을 했는지 말 안 해도 알겠구나!"

"아르만도 할아버지요!" 루푸스가 대답했어요.

"그래요. 모든 게 다 유로화 때문이에요." 리사가 다시 말했어요.

"중국인이랑 세계화 때문이기도 할 테고." 경제 할아버지가 비꼬았어요.

"물론이죠." 꼬맹이 리사는 매우 진지하게 대답했어요.

"그렇다면 유로화 이야기도 해야겠구나." 경제 할아버지가 말했어요.

12
불청객 유로화

"나라마다 쓰는 돈, 그러니까 화폐가 서로 다르다는 건 알고 있겠지? 한 국가의 영토 안에서 사용하는 돈의 가치를 각 국가의 정부가 보증하기 때문이란다. 정부는 보통 조폐국(우리나라는 한국 조폐 공사가 돈을 만든다.)이라고 부르는 전문 기관을 두어 돈을 찍어 내고, 가짜 돈을 만들어 쓰는 사람들을 처벌하지. 화폐의 가치는 나라마다 다르단다. 달러화라고 들어 봤니? 달러화는 미국 화폐인데, 세계 어디에서나 석유 같은 기본 물품을 거래할 때 사용하기 때문에 다른 화폐의 가치를 재는 기준으로 쓰이지. 2013년에는 유로화(이탈리아를 포함해 유럽 연합에 속한 열아홉 나라가 공통으로 사용하는 화폐.)의 가치가 1유로에 1.3달러보다 조금 높거나 낮았단다. 즉, 10유로를 사려면 13달러가 필요하다는 뜻이야. 10유로를 주면 13달러를 받을 수 있다는 뜻이기도 하지. 그렇다고 유럽 사람들이 미국에 가면 저절로 부자가 되는 건 아니란다. 왜냐하면 한 나라에서 판매되는 제품의 가격은 실제로 그 나라 경제에 영향을 많이 받거든. 그 나라 사람들의 수입, 물건을 생산하는 데 드는 비용, 국제 무역이 모두 한 나라의 화폐 가치에 영향을 미치지. 그럼에도 불구하고 시간이 지나도 가치가 떨어지지 않는 강력한 화폐를 가지고 있으면 유리하단다. 특히, 외국에서 물건을 사거나 외국 여행을 갈 때 그렇지. 외환 시장에서도 강력한 화폐를 사려는 수요가 많아. 앞서 말했던 증권과 비슷한 거야. 은행이나 금융 기관 혹은 국가 같은 큰 투자자들도 강력한 화폐를 좋아해.

왜냐하면 이들은 경제가 갑작스럽게 무너질 위험이 없는 안전한 나라의 화폐를 보유하고 싶어 하거든. 가끔은 화폐와 화폐 사이의 관계가 꽤 크게 변하기도 한단다. 1999년도에 처음 유로화가 탄생했을 때(처음에는 무역에만 사용되었어.) 1유로의 가치는 1.2달러보다 낮았어. 2000년에는 0.8달러까지 내려갔다가, 미국의 금융 위기가 가장 심각했던 2008년에는 1.6달러까지 올라갔지. 그리고 지금은 다시 처음 출발할 때와 비슷해졌어. 이런 변동은 국제 무역에도 영향을 준단다. 소비자들, 특히 기업들은 달러화가 약할 때에는 미국에서 제품을 사려고 할 거야. 그럴 때는 미국 제품이 싸기 때문이지. 반대로 달러화가 강세일 때에는 같은 제품을 다른 나라에서 사려고 하겠지. 2002년까지 이탈리아에서 현금으로 제품을 살 때 사용했던 화폐 단위인 '리라'는 마지막 몇 년 동안에 꽤 약했단다. 그때에는 수출하는 기업들이 유리했어. 왜냐하면 이탈리아에서 생산한 제품들이 다른 나라 제품들보다 쌌기 때문에 수요가 많았거든. 반면에 석유 같은 물건을 외국에서 살 때는 불리했어. 무척 비싸게 사야 했으니까. 그리고 얼마 뒤 유로화가 등장했는데……."

"그래서 모든 물건 가격이 두 배로 뛰었죠." 리사가 끼어들었어요.

"그것도 아르만도 할아버지 말씀이겠구나." 경제 할아버지가 바로 알아맞혔어요.

리사가 고개를 끄덕였어요.

"그래. 어떤 상품들은 실제로 가격이 올랐단다. 하지만 모두 그런 건 아니야. 게다가 물건값이 오른 게 유로화 때문은 아니란다. 오히려 장사꾼들과 정부 때문이라고 할 수 있지. 유럽 정부 관계자들은 1유로가 1936.27리라와 동등한 가치를 가진다고 결정했어. 리라로 표시된 상품 가격을 유로로 바꾸려면 1936.27로 나누어야 했는데, 그렇게 했더니 편리하게 쓸 수 있는 500리라, 1000리라, 10만 리라 대신에 소수점 뒤에 숫자가 붙는 복잡한 금액이 나왔어. 그래서 소수점 아래 숫자를 없애는 가격 조정을 했는데 항상 올림을 했단다. 예를 들어, 버스표 한 장은 1500리라에서 1유로가 되었단다. 정확하게 계산하면 0.77유로인데 말이지. 경제학자들은 이런 현상을 전환 투기라고 불렀지. 국가 화폐를 유로화로 전환하는 과정에서 생겼기 때문이지. 이런 투기가 아주 심했

그리스
네덜란드
독일
라트비아
룩셈부르크
리투아니아
몰타
벨기에
스페인
슬로바키아
슬로베니아
아일랜드
에스토니아
오스트리아
이탈리아
키프로스
포르투갈
프랑스
핀란드

지만, 각 나라 정부들은 거의 아무 규제도 하지 않았어. 하지만 지난 몇 년 동안 일어난 상품 가격의 변화는 석유 가격이 전 세계적으로 올랐기 때문이기도 하단다. 왜냐하면 석유 가격의 변화는 곧바로 에너지와 교통수단 가격에 영향을 주고, 그 결과로 우리가 사는 거의 모든 물건 가격에도 영향을 주기 때문이지. 어쨌든 물건 가격이 오르는 걸 지켜볼 수밖에 없었던 사람들은 몇 년 동안 힘든 세월을 보냈지. 자기 마음대로 월급을 올릴 수도 없는 데다가, 월급은 정확하게 1936.27로 나누어서 유로화로 주었으니까. 이런 일은 아르만도 할아버지처럼 은퇴한 뒤에 연금을 받는 사람들한테도 일어났단다. 그러니 아르만도 할아버지가 화내는 것도 이해는 가지만, 그렇다고 모든 것을 유로화 탓으로 돌릴 수는 없어. 한편, 19개 나라에서 같은 화폐를 사용하게 되면서, 어디에서 무엇을 살 것인지 비교하고 선택하는 일이 더 쉬워졌어. 경쟁의 이점이 더 커진 거지. 물론 이것은 인터넷으로 사고팔 수 있는 물건이나 전 세계를 대상으로 장사하는 기업들한테만 해당하는 이야기란다. 과일이나 채소는 다르지. 왜냐하면 스페인 바르셀로나 시장의 토마토가 밀라노 시장 토마토보다 싸다고 해서 우리가 바르셀로나까지 점심거리를 사러 갈 수는 없잖니?

  유로화가 도입되면서 이득을 본 쪽도 있어. 최근 몇 년 안에 은행에서 돈을 빌린 사람들과 국민에게서 돈을 빌린 이탈리아 정부가 그렇단다. 금리, 즉 빌렸던 돈에 더하여 돌려줘야 하는 돈의 비율이 낮아졌기 때문이야. 리라를 사용하고 이탈리아 경제가 유럽 전체의 경제와 긴밀하게 결합되어 있지 않을 때에는 금리가 더 높았어. 왜냐하면 그때에는 이탈리아 정부나 개인이나 오늘날보다 훨씬 신용이 낮았기 때문이지.

  유로화를 사용하는 일은 꿈을 실현하는 일이었어. 유럽이 단일 화폐

유럽 내 국가들을 자유롭게 돌아다녀요.

동일한 화폐를 사용해요.

함께 법을 만들어요.

를 사용하는 것은 유럽 연합이 유럽 연방 공화국으로 나아가는 길에 마침표를 찍은 거였지. 70년 전만 하더라도 유럽은 역사적으로 가장 잔인한 학살이 이루어지던 전쟁터였어. 그렇게 서로 싸우던 사람들이 오늘날에는 서로 국경을 개방해서 사람과 제품이 자유롭게 국경을 넘나들게 하고, 단일 화폐를 사용하며, 모두에게 적용되는 법을 함께 제정하고, 함께 협력해서 미국이나 중국, 인도, 러시아 같은 거대 국가들과 경쟁하고 있다니 놀라운 일이지. 이런 걸 보면, 너희도 유로화 사용이 꿈만 같은 일이었다는 걸 이해할 거야. 유로화가 누군가에게는 악몽이 되는 것은 세계에서 유일한 유로화의 특징 때문이란다. 그 특징이란 유로화가 이 세상에 존재하지 않는 국가의 화폐라는 것이지."

"정말 악몽 같을 거예요. 아르만도 할아버지는 유로화가 할아버지의 연금을 갉아먹는 꿈을 꾼대요." 조에가 말했어요.

"정말 안타깝구나. 언제 한번 아르만도 할아버지를 초대해서 차근차근 이야기를 해야겠어. 방금 유로화란 존재하지 않는 국가의 화폐라고 이야기했지. 화폐는 한 가지인데 정부와 의회, 중앙은행은 여전히 19개야. 유로화는 19개 나라에서 사용하고 있지만, 화폐를 뺀 나머지 중요한 결정들은 여전히 나라별로 이루어지지. 그 가운데에는 반드시 함께 결정해야 할 사항들도 있는데 말이다. 전 세계와 비교하면 작은 부분일 뿐인데도, 유럽의 각 나라는 여전히 자기 나라가 큰 힘을 갖기를 바라기 때문에 이런 일이 일어나는 거란다. 인구가 8000만 명이나 되는 독일 같은 큰 나라도 세계적으로 봤을 때에는 작은 나라에 불과한데 말이야. 중요한 결정이 계속 이렇게 이루어지면, 문제가 생겨도 빨리 대응할 수 없어. 게다가 이런 상태에서는 유로화라는 공통 화폐가 각 나라의 장점과 약점을 확대하는 돋보기 역할을 하지. 유로화 때문에 서로

비교하는 일이 훨씬 쉬워졌거든. 그렇더라도, 만약 서로의 약점을 관대하게 받아들이고 서로의 장점을 따라 하면 모두한테 이득이 될 수 있지. 유럽의 여러 나라가 행복한 결혼 생활을 하려면 이렇게 해야 해. 하지만 10년 동안 달콤한 신혼 기간을 보낸 뒤로, 유럽의 화폐 동맹은 점점 더 문제투성이 부부를 닮아 가고 있단다. 19명이나 되는 배우자들이 서로 상대방의 약점만 들춰내 당장 고치라고 요구하는 모습이 꼭 문제투성이 부부를 닮았지.

이런 상황이 남부 유럽 국가들을 점점 더 힘들게 만들고 있단다. 이탈리아를 포함한 남부 유럽 국가들은 유로화를 사용할 권리를 유지하려면 많은 희생을 치르라고 요구받고 있어. 그러면서도 남부 유럽 국가들의 장점은 인정하지 않으려고 하지. 그래서 아르만도 할아버지를 포

함한 많은 사람이 유로화가 꿈이 아니라 악몽이라고 생각하게 된 거란다. 그리고 날마다 쇼핑을 할 때마다 물가가 오르는 상황에서는 경제학자들도 유로화 사용의 장점을 설득하기가 어렵지. 누가 맞는 걸까? 많은 것은 정부가 얼마나 멀리 내다볼 능력이 있느냐에 달려 있단다. 우리처럼 나이 든 사람들의 미래가 아닌 바로 너희 젊은 세대들의 미래를 보는 능력 말이다."

13 우리의 임무

"우리가 사는 세상이 변화가 매우 빠르게 진행되는 완전히 새로운 세계라는 것을 몇 번이나 강조했지? 아시아나 남아메리카 그리고 몇몇 아프리카 신흥 국가들에서는, 과거에는 가난에 허덕이던 수백만 명의 사람들이 자기 부모 세대는 꿈도 꾸지 못했던 복지 수준을 누리고 있단다. 하지만 오래전부터 부자였던 나라들에서는, 그와 반대로 부모 세대보다 더 못사는 사람들이 많이 있어. 이 세계를 전체적으로 봤을 때 잘사는 사람들이 더 많아졌다고 해서 못사는 사람들을 외면해도 된다는 뜻은 아니란다. 오히려 모두가 계속 발전할 길을 찾으려고 노력해야 해. 우리가 그런 발전을 이루려면 함께 무엇을 할 수 있을지, 우리가 뽑은 정부에게 무엇을 요구할지 생각해야 해. 우선 복지와 삶의 수준이 향상된다는 건 각 세대가 이전 세대보다 평균적으로 더 나은 삶을 살게 된다는 뜻이야. 이탈리아에서도 15년 전까지 일어났던 일이지. 더 나은 복지는 다음 날이 아닌 다음 세대, 즉 25년 뒤를 생각하는 건데, 부분적으로 노동과 자본을 더 많이 이용하는 것, 즉 주요 생산 요소의 사용 강도에 따라서 달라지지. 잘 알았지?"

손자들의 표정을 보니 전혀 모르는 것 같았어요. 경제 할아버지는 다시 설명을 시도했어요.

"이렇게 생각해 보자. 한 시간을 더 일하거나, 도구를 하나 더 사용하면 더 많이 생산할 수 있어. 그럼에도 불구하고 언젠가 생산량이 더 늘

어나지 않는 지점에 도달하게 돼. 사람이든 기계든 하루에 24시간, 1년에 365일 이상 일할 수는 없기 때문이지.

정상 상태에 멈춰 있던 조상들의 생활 조건에서 이만큼 성장한 것은 우리가 일을 더 많이 했기 때문이 아니라 혁신 덕분이란다. 혁신이란 제품(새로운 물건의 발명), 기술(새로운 기계들), 혹은 조직(사람들 사이에 일을 분배하고 조직하기 위한 새로운 시스템)에 두루 관련되어 있어. 공공 서비스, 국가나 도시의 행정, 버스, 병원과 같이 모두가 사용하는 큰 구조의 혁신도 중요하단다. 주로 유럽과 미국, 일본과 같은 선진국에서 탄생한 이런 분야의 혁신은 최근 수십 년 사이에 거의 전 세계로 퍼져 나갔어. 신흥 국가들이 선진국들을 따라잡으며 둘 사이의 차이가 줄어들기 시작했지. 출발은 늦었지만, 신흥 국가들은 영토가 넓고 인구도 늘어나고 있어서 앞으로도 엄청나게 성장할 기회가 있단다. 게다가 그들은 이미 준비된 혁신 방식을 사용해 성장할 수 있지. 그들은 불과 수십 년 만에 선진국들이 몇 세기에 걸쳐 이룬 변화를 달성하고 있단다. 그래서 우리는 멈춰 있는데 신흥 국가들은 빠르게 달려 나가는 것처럼 보이지. 더 나쁘게 표현하면, 우리는 아무리 열심히 달려도 한 걸음도 나

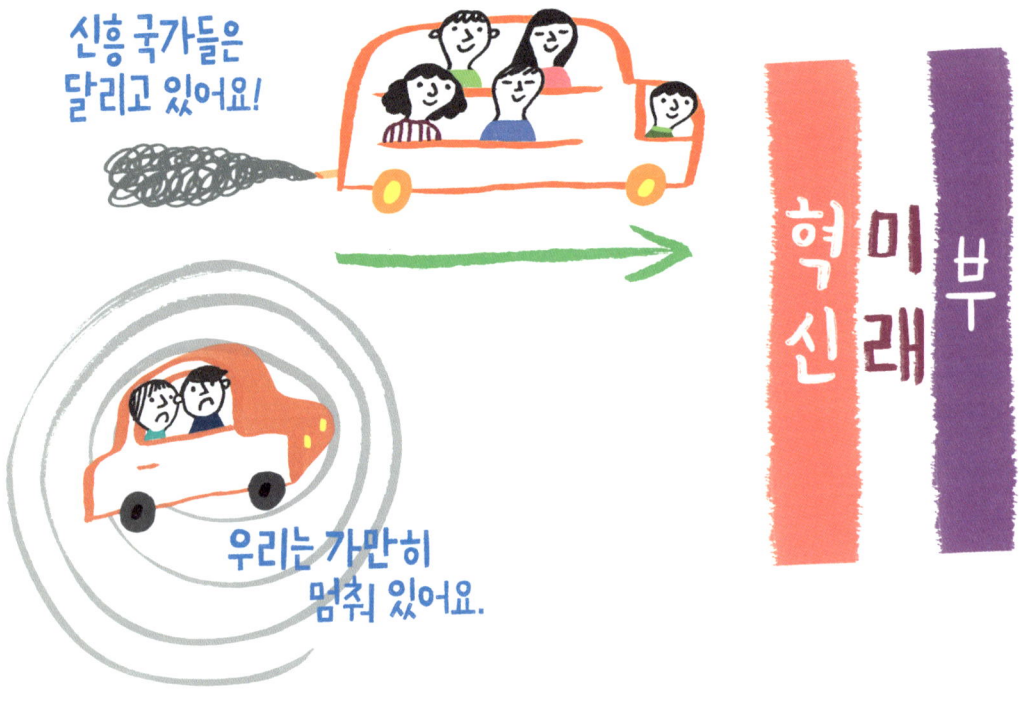

아가지 못하는 것 같아. 마치 《거울 나라의 앨리스》에 나오는 앨리스처럼 말이야. 그 책을 보면, 앨리스와 하트 여왕이 굉장히 빠른 속도로 달리는데도 주변 풍경은 전혀 움직이지 않는 장면이 나와. 놀란 앨리스는 자기가 사는 나라에서는 이렇게 빨리 달리면 반드시 어딘가 다른 곳에 도달한다고 말해. 하지만 하트 여왕은 자기 나라에서는 다른 곳으로 가려면 적어도 두 배 더 빨리 뛰어야 한다고 대답해. 지금 우리가 사는 새로운 세계도 조금 비슷한 것 같구나. 모두가 성장하고 있기 때문에 멈춰 있는 나라는 마치 거꾸로 가는 것처럼 보이지. 하지만 그렇다고 하더라도 아르만도 할아버지처럼 모든 게 중국 탓이라고 생각하면 안 돼. 물론, 우리가 사는 많은 물건을 과거에는 이탈리아, 프랑스, 독일에서 만들었지만 지금은 중국에서 생산하는 것은 사실이야. 중국이 달리고 있는 것도 사실이지. 하지만 우리가 가만히 멈춰 있는 건 모두 우리 문제란다. 우리가 혁신을 포기하는 게 중국 탓은 아니라는 거야. 대부분의 선진국은 그 사실을 잘 알고 있기 때문에 연구와 교육 제도처럼 지식을 다루는 분야를 중요하게 여긴단다. 왜냐하면 그런 것이 잘 갖추어져 있어야 경제학자들이 **인적 자본**이라고 부르는 것이 충분히 성장할 수 있기 때문이지. 미래 세대들이 지금은 상상도 할 수 없는 혁신들을 일으킬 거야. 너희가 바로 우리의 재산이지."

조에와 리사와 루푸스가 동시에 경제 할아버지를 바라봤어요. 할아버지는 조금 흥분한 것 같았어요. 아마 감동했나 봐요.

"괜찮으세요, 할아버지?" 리사가 물었어요.

"그래, 그래. 괜찮아. 내 이야기가 지루하니?"

할아버지의 손자들은 꽤 진지한 표정으로 고개를 저었어요.

"이야기가 거의 끝나 가." 할아버지가 말했어요. "정상 상태로 살아

가던 먼 옛날에는 살아남는 데 꼭 필요한 것들을 부모가 자식에게 가르쳤단다. 지금 우리가 사는 세계에서는 몇 세기 동안 축적된 지식을 다음 세대에게 가르치지. 아마 너희는 지식을 배우는 게 힘들고 지루할 거야. 하지만 교육은 개인이나 사회의 미래를 위해 반드시 필요해. 유치원에서 대학교에 이르는 학교에서 교육이 이루어지지. 교육은 과거의 지식을 후대에 물려주는 일만 하는 게 아니야. 미래의 임무를 위해서도 필요하지. 어린이와 젊은이들은 학교에서 지식과 함께 문제를 해결하는 능력도 배우기 때문이지. 이전 세대에 비교해서 너희 세대의 삶의 질을 높이려면 모든 사람이 더 많은 지식을 쌓아야 해. 빠르게 변화하는 지금 세계에서는 변화에 적응하는 능력과 과거보다 더 강력한 사회적 보호가 필요해. 사람들은 살아가는 과정에서 직업을 바꾸

게 될 텐데, 불안감에 떨지 않고 자기 발전을 위해서 기꺼이 그렇게 할 수 있어야 하기 때문이지. 이전보다 더 빨리 뛰는 능력이 중요한 시대가 되었어. 하지만 더 중요한 건 올바른 목표를 정하고 올바른 길을 따르는 거야. 그래야만 미래는 위협이 아니라 약속이 될 수 있단다."

14 스파게티의 능력

"할아버지?"

"왜 그러니, 리사?"

"배고파요."

"내 맘대로 샌드위치 하나 더 먹을래?"

"다른 음식은 만들 줄 모르세요?"

"음……. 그러니까 진짜 요리 말이냐? 프라이팬이나 냄비 같은 걸 써서 하는 거?"

세 아이는 알 수 없다는 표정으로 할아버지를 쳐다봤어요. 할아버지가 농담하는 걸까요?

"네, 진짜 요리요. 스파게티, 리소토, 라사냐 같은 거요." 리사가 대답했어요.

그때 갑자기 우르릉 소리가 들렸어요. 폭풍이 다시 다가올까 두려워 모두 귀를 기울였어요. 잠시 뒤 다시 우르릉 소리가 났어요. 알고 보니 루푸스의 배에서 난 소리였어요. 스파게티와 리소토와 라사냐 이야기가 루푸스를 무척 배고프게 만들었나 봐요.

"할아버지, 그거 아세요?" 루푸스가 말했어요. "방금 들려주신 경제 이야기는 무척 흥미로웠어요. 특히 혁신 이야기가 그랬어요. 우리는 항상 배워야 한다고 하셨잖아요. 새로운 문제를 해결할 능력, 즉 실력을 키워야 한다고요."

"그렇게 말해 주니 기분이 좋구나." 경제 할아버지가 대답했어요.

"그러니까, 제 생각에는 지금 당장 우리 실력을 키우는 게 좋겠어요."

"어떻게 말이니?

"우리는 지금 스파게티가 먹고 싶어요." 조에가 말했어요.

"맞아요. 스파게티를 먹고 싶어요." 리사도 거들었어요.

"우리끼리 만들어 본 적은 없지만, 배울 수는 있죠." 루푸스가 덧붙였어요.

"할아버지도 할 수 있어요. 할아버진 아직 늙지 않았잖아요. 앗, 죄송해요. 그러니까, 나이가 너무 많지는 않다는 뜻이었어요."

"알았다, 리사. 무슨 말인지 알겠어. 걱정하지 마라. 할아버지는 늙었다는 말이 불쾌하지 않아. 그리고 너희 말이 맞아. 할아버지도 배울 수 있어. 다 같이 부엌에 가서 촛불로 불을 좀 밝히고, 성냥개비로 가스레인지에 불을 붙이고, 냄비에 스파게티 국수를 넣도록 하자."

"먼저 물을 끓여야 해요." 조에가 말했어요.

"정말이니?"

"그럼요."

"아주 흥미롭구나. 좋아, 부엌으로 가자."

스파게티를 만들기 위한 전문 지식을 습득하는 건 예상보다 어려웠어요. 특히 촛불 아래에서는요. 하지만 40분쯤 뒤, 할아버지와 손자들은 식탁에 앉아 토마토 스파게티를 아주 맛있게 먹었어요. 할아버지와 손주들은 스파게티를 먹으며 서로 칭찬을 주고받고 어떻게 하면 소스와 국수를 더 맛있게 만들지 토론했어요. 바로 그때 마당에서 소리가 들려왔어요. 창밖으로 안나 할머니가 자동차를 세우는 모습이 보였어요. 할머니는 자동차 문을 열고 나와 우산을 활짝 폈어요. 할머니는 마당의 자갈길을 따라서 걷기 시작했어요. 몇 걸음을 옮긴 뒤에 비가 그쳤다는 것을 알고는 우산을 접고 앞문까지 걸어왔어요. 꼬맹이 리사가 달려가 할머니를 와락 끌어안았어요.

"괜찮니, 리사? 오늘 날씨가 진짜 끔찍하구나. 시내도 거의 반이나 물에 잠겼었단다. 차도 다니지 못했어. 전화도 안 되어서 연락을 못 했구나. 얘들아, 미안해."

"여기도 마찬가지였어요." 꼬맹이 손녀가 말했어요.

바로 그때 전기가 들어왔어요. 그제야 모두 마음을 놓았어요.
할머니가 부엌에 들어와서 냄새를 맡더니 이렇게 말했어요.
"맛있는 냄새가 나는걸! 냉동식품 녹여서 먹었니?"

"아니야. 우리가 요리했어." 할아버지가 무척 자랑스럽게 말했어요.

안나 할머니는 믿을 수 없다는 표정으로 할아버지를 바라봤어요.

"정말이에요, 할머니." 조에가 말했어요. "할아버지가 경제 이야기를 들려주셨어요. 새로운 전문 기술도 배웠는걸요. 이제 미래는 위협이 아니라 약속이 될 거예요."

"너희가 토마토 스파게티를 만들 줄 알게 되어서?" 할머니가 물었어요. 그러고는 비난하는 눈빛으로 할아버지를 바라봤어요. "아이들 머릿속에 이런 생각을 집어넣은 게 당신이죠?" 하고 말하는 것 같았어요.

파올로 할아버지가 목청을 가다듬고는 설명하려고 애썼어요. "글쎄. 조에가 단순하게 말한 감이 있지만, 어쨌든 본질은 그게 맞아. 암, 그렇고말고."

"우리의 임무예요!" 리사가 소리쳤어요.

리사의 말에 안나 할머니도 웃었어요.

용어 설명
찾아보기

용어 설명

ㄱ

경기 한 나라나 세계 경제 전체의 활동 수준이나 상태.

경기 변동 경기가 일정한 주기에 따라서 변화하는 현상. 보통 호황기 – 후퇴기 – 불황기 – 회복기가 되풀이해서 나타난다.

경매 한 물건을 사려는 사람이 여럿일 때, 값을 가장 높게 부른 사람에게 파는 일.

공공사업 국가나 지방 자치 단체가 구성원 전체의 이익을 위해 벌이는 사업으로, 도로나 다리를 놓는 일 따위가 있다.

공공재 한 사회의 구성원 대부분이 공동으로 사용하는 물건이나 시설. 도로, 항만, 다리 따위가 있다. 공공재를 생산하는 일은 보통 정부가 직접 담당한다.

국부론 애덤 스미스(1723~1790)가 쓴 경제학책으로 원래 제목은 《국가의 부의 본성과 원인에 관한 연구》이다. 시장의 역할을 의미하는 '보이지 않는 손'이란 개념으로 유명하다.

규모의 경제 어떤 제품을 생산할 때, 한꺼번에 생산하는 제품의 수가 많아질수록 제품 하나를 생산하는 데 드는 비용이 줄어드는 현상을 말한다. 그 결과로, 큰 공장에서 만든 제품의 값이 한 사람이 집에서 만든 제품의 값보다 낮아지고, 따라서 더 많이 팔리게 된다.

금융 돈을 빌리거나 빌려줌으로써 남아도는 돈이 필요한 곳으로 흘러가게 하는 일. 돈을 빌리는 사람과 빌려주는 사람을 연결해 주는 기관을 금융 기관이라고 한다. 은행이 대표적인 금융 기관이다.

ㄴ

노동 사람이 살아가는 데 필요한 것을 얻기 위해 몸이나 머리를 쓰는 활동.

ㄷ

대공황 세계적으로 일어나는 큰 규모의 경제 공황. 경제 공황은 여러 가지 원인으로 경제 상황이 몹시 나빠져 기업이 줄줄이 문을 닫고 수많은 사람이 직장을 잃는 등, 사회 전체가 혼란에 빠지는 현상을 말한다.

대출 돈이나 물건 따위를 빌려주거나 빌리는 일.

ㄹ

르네상스 14세기~16세기에 유럽 여러 나라에서 일어난 문화 혁신 운동.

ㅁ

무역 협정 나라와 나라 사이에 물건을 사고파는 일에 관한 여러 조건을 정하기 위해서 맺은 약속.

ㅂ

보증 사람의 신용이나 사물의 품질 등이 틀림이 없고 믿을 만하다는 것을 책임지고 증명하는 일.

부동산 땅이나 건물처럼 움직여 옮길 수 없는 재산. 자동차나 보석처럼 움직여 옮길 수 있는 재산은 동산이라고 한다.

ㅅ

산업 인간이 살아가는 데 필요한 물품이나 서비스를 생산하는 활동을 하는 기업이나 조직을 통틀어 일컫는 말. 농업, 공업, 건설업, 금융업 등 모든 경제 활동을 포함한다.

산업 혁명 18세기 후반에 유럽에서 일어난 생산 기술의 발전과 그에 따라서 사회가 크게 변화한 일. 수공업 중심의 물품 생산 방식이 새롭게 발명된 증기 기관을 이용한 기계를 사용하면서 큰 공장에서 대량 생산하는 방식으로 바뀌었다. 그에 따라서 사람들도 큰 공장이 있는 도시로 몰려드는 등, 사회 전체가 변화되었다. 영국에서 처음 시작되어 전 유럽으로 퍼졌다.

산업화 한 사회의 경제가 농업 중심에서 벗어나 공장에서 기계를 사용해 제품을 대량 생산하는 공업 중심으로 변화하는 과정. 공업화라고도 한다.

생산성 생산의 효율성을 가리키는 말로, 보통 노동자 한 명이 정해진 시간 동안 생산한 양으로 계산하다. 노동자 한 명이 같은 시간 동안에 생산한 제품의 수가 이전보다 많아지면, 생산성이 높아졌다고 한다.

세금 국가나 지방 자치 단체가 나라 살림을 하는 데 필요한 돈을 마련하기 위해 국민으로부터 거두어들이는 돈. 조세라고도 한다.

수익률 투자한 돈과 투자해서 번 돈 사이의 비율. 투자해서 번 돈을 투자한 돈으로 나누어 계산한다. 투자해서 번 돈이 많아질수록 수익률이 높아진다.

식민지 정치적이나 경제적으로 다른 나라의 지배를 받아 국가로서의 주권을 잃어버린 나라.

신용 돈이나 물건을 빌려줄 때, 빌리는 사람이 되갚을 뜻과 능력이 있다는 것을 믿고 빌려주는 일. 한 사람이 빌린 것을 되갚을 능력도 신용이라고 한다.

실물 경제 주식이나 증권을 사고파는 금융 경제가 아니라, 실제로 제품을 생산하여 판매하는 경제 활동을 가리킨다.

ㅇ

연금 자기 소득의 일부를 떼어 국가 기관이나 금융 기관에 맡겨 놓았다가, 은퇴하여 소득이 없을 때 정기적으로 받는 돈. 우리나라의 대표적인 연금 제도로 국민연금이 있다.

외환 시장 다른 나라 화폐를 사고파는 시장.

유럽 연합 유럽의 통합을 목표로 유럽의 여러 나라가 모여서 만든 국제기구. 28개 나라가 참여하고 있다.

이자 돈을 빌려 쓰는 사람이 그 대가로 치르는 돈. 빌린 돈에 대한 이자의 비율을 금리라고 한다.

인적 자본 지식, 기술, 창의성 등, 노동자가 경제적 가치를 생산하는 능력을 가리킨다. 인적 자본을 키우려면 교육과 훈련에 투자해야 한다.

임금 노동자가 일한 대가로 받는 돈.

ㅈ

정보 비대칭 여러 사람이 참여하여 거래할 때, 한 사람이 다른 사람보다 더 많은 정보를 가지는 상태를 말한다. 보통, 정보가 많은 사람이 거래에서 유리하다.

주식 기업이 자기에게 투자한 사람에게 회사 소유권의 일부를 준다는 것을 증명하는 문서. 기업은 주식을 팔아서 사업에 필요한 돈을 모으고, 주식을 산 사람은 기업이 번 돈의 일부를 받을 권리를 가진다. 이런 식으로 운영하는 회사를 주식회사라고 한다.

중세 서양 역사에서, 5세기 게르만 민족의 대이동에서 15세기 르네상스에 이르는 시기를 가리킨다.

중앙은행 한 나라의 화폐를 발행하고 나라 안에서 유통되는 돈의 양을 조절하는 은행이다. 우리나라의 중앙은행은 한국은행이다.

증권 재산에 대한 권리와 의무를 나타내는 문서. 대표적인 증권으로 주식과 채권이 있다.

ㅌ

투자 미래에 이익을 얻으려고 어떤 일이나 사업에 돈을 대거나 시간이나 노력을 들이는 일.

ㅍ

파산 돈을 빌린 개인이나 기업이 빚을 갚을 수 없는 상태에 빠졌을 때, 그 재산을 돈을 빌려준 이들이 공평하게 나누어 가지도록 하는 법률적인 일.

ㅎ

혁신 새로운 기술이나 방법을 도입하여 지금까지의 관습, 조직, 방법 따위를 완전히 새롭게 바꾸는 일.

호혜주의 무역 거래에서 주로 쓰는 말로, 한쪽이 특별한 혜택을 베풀면 상대도 같은 수준으로 보답하는 방식을 가리킨다.

회계 개인이나 기업이 자신의 경제 활동 상황을 정해진 방법에 따라 기록하는 일. 경제 활동에 따라 재산이나 자본이 늘어나거나 줄어드는 과정과 결과를 모두가 알아볼 수 있도록 기록한다.

찾아보기

ㄱ

거품   83, 84쪽
경기 변동   117, 122쪽
경제   22쪽
경제 위기   83, 115, 117쪽
공공 부채   120쪽
공공 서비스   58, 61, 63쪽
공공재   53, 56, 58, 61쪽
공급 사슬   106쪽
공장   65, 71, 73, 74, 102쪽
교환   24, 35, 38, 40, 43, 45쪽
교환 수단   41, 43, 47쪽
국가 부채   120쪽
규모의 경제   74쪽
금리   133쪽
금융 기관   118쪽
금융 시장   94, 96, 118쪽
금융 위기   112, 121, 131쪽

ㄴ

농사   30, 71쪽

ㄷ

다국적 기업   105쪽
달러화   130, 131쪽
대공황   121쪽
대출   76, 81, 89쪽
동시 성장   108쪽
동전   42, 44, 46, 52쪽
디지털 경제   85쪽

ㄹ

리라   131쪽

ㅁ

무역 협정   102쪽
물물 교환   38, 40, 50, 52쪽

ㅂ

보증   43, 82, 130쪽
부채   120쪽
부패   61, 64쪽
불경기   122쪽

사업가 118쪽
사회 안전망 123, 126쪽
사회 자본 109쪽
산업 혁명 69, 70, 74, 105쪽
산업화 71, 73, 105, 108, 110쪽
상호 의존성 45, 100, 111쪽
생산성 33, 69쪽
생업 경제 24, 50쪽
서비스업 72쪽
세계화 97, 103, 105, 107, 110, 127쪽
세금 56, 58, 60, 62, 102, 120, 125쪽
수익률 94쪽
시장 43, 52, 105쪽
시장 경제 50쪽
식민지 105쪽
신용 거래 75, 78쪽
실물 경제 95쪽

어린이 노동 110쪽
와트, 제임스 70쪽
월드 와이드 웹(WWW) 100쪽
유럽 연합 134쪽
유로화 127, 130, 133, 135, 137쪽
은행 60, 76, 78, 80, 82, 85, 89, 130, 133쪽
이자 76, 79, 80, 89, 120쪽
인적 자본 143쪽
인터넷 85, 91, 100, 102, 110, 133쪽

자본 74, 140쪽
자본주의 74쪽
저장 25, 26, 28, 30, 32, 35, 45쪽
전문화 33, 35, 39, 45, 50, 71, 102쪽
전환 투기 132쪽
정보 비대칭 82쪽
정상 상태 24, 45, 50, 52쪽
정착 26쪽
정착민/정착촌 30쪽
정책 106, 125쪽
조세 56, 60쪽
주식 89, 90쪽
증권 91, 94, 96, 118, 120쪽

증권 거래소   91, 93쪽
증기 기관   69쪽
증여   50, 52쪽
지식   68, 71, 94, 143쪽

탈세자   60쪽
투기   95, 117쪽

파산   80, 121쪽

혁신   45, 54, 69, 141, 143쪽
호경기   123쪽
호혜주의   50쪽
화폐   50, 52, 130, 133, 135쪽
확대 경제 정책   124쪽
회복기   123, 127쪽
후퇴기   122, 124, 126쪽